南京体育学院体育教育精品专业（项目编号：PPZY2015A007）

技术动作分析和教学步骤设计

李卫东
宋雅伟　编
杨小帆

人民体育出版社

图书在版编目（CIP）数据

技术动作分析和教学步骤设计 / 李卫东，宋雅伟，杨小帆编．-- 北京：人民体育出版社，2019

ISBN 978-7-5009-5575-7

Ⅰ．①技… Ⅱ．①李… ②宋… ③杨… Ⅲ．①体育教学－教学研究 Ⅳ．① G807.01

中国版本图书馆 CIP 数据核字 (2019) 第 090615 号

*

人 民 体 育 出 版 社 出 版 发 行

三 河 兴 达 印 务 有 限 公 司 印 刷

新　华　书　店　经　销

*

787×1092　16 开本　11 印张　200 千字

2019 年 5 月第 1 版　2019 年 5 月第 1 次印刷

印数：1—4,000 册

*

ISBN 978-7-5009-5575-7

定价：50.00 元

社址：北京市东城区体育馆路 8 号（天坛公园东门）

电话：67151482（发行部）　　邮编：100061

传真：67151483　　邮购：67118491

网址：www.sportspublish.cn

（购买本社图书，如遇有缺损页可与邮购部联系）

丛书编委会

前 言 FOREWORD

想成为一名优秀的体育教师，必须具有相应的教学专业知识和能力。如想要教好篮球，就必须知道篮球的场地、服装、仪式、器材，以及技术和战术，同时要知道如何讲解和示范，学生常犯的错误动作及如何纠正，一项技术动作的教学步骤等。这本书将覆盖项目教学所需要的教学专业知识和能力。

本书是基于作者十多年的教学经验编写而成的，共有五章。第一章介绍体育教师学科知识体系，即一名优秀体育教师所需要的专业知识及学科教学知识。该章主要由杨小帆和李卫东完成。第二章介绍运动项目分析，即如何进行运动项目分析并举例说明。该章主要由李卫东完成。第三章介绍运动技术动作分析，即如何做好准备工作，如何观察学生的技术动作，如何进行分析和评估，如何找出学生的错误动作并进行干预和纠正等。该章主要由杨小帆和李卫东完成。第四章介绍运动生物力学原理及其在技术动作分析中和错误动作纠正的应用，即如何用这些原理来解释导致错误动作的原因及制订干预方案。该章由宋雅伟完成，李卫东协助。第五章介绍教学步骤的设计，即通过改变哪些因素来制定一个技术动作的教学步骤。该章主要由李卫东和杨小帆完成。本书的读者对象是大学教师和中小学体育教师。

本书由南京体育学院（南京体育学院体育教育精品专业）（项目编号：PPZY2015A007）资助出版。南京师范大学夏俊彪老师和陕西师范大学体育学院的殷鼎博士在编写过程中提供了帮助，出版社的编辑人员为此也付出了艰辛的劳动，在此我们一并表示衷心的感谢。编者们虽多次校对书中被引用者的姓名以及论著的出处，但难免会有纰漏。若有以上情况发生，我们在此表示歉意，并对提出建议者致以真诚的谢意。

我们真诚地希望广大读者和专家对本书提出宝贵意见，以便我们今后进行修订，使之逐步完善。

本书编写组

目 录 CONTENTS

第一章 体育教师学科知识体系
CHAPTER 01

在教师的知识体系中，学科内容知识（Content Knowledge，CK）和学科教学知识（Pedagogical Content Knowledge，PCK）是教师知识的基石。体育教师学科内容知识分为一般学科内容知识（Common Content Knowledge，CCK）和专门性学科内容知识（Specialized Content Knowledge，SCK）。学科教学知识是最终决定体育教师教学效果的核心知识。因此，本章首先介绍了体育教师的学科内容知识，重点介绍了体育教师学科教学知识，为其他章节内容奠定理论基础。

第一节　体育教师的知识结构

一、教师知识结构的内涵

“教师知识”（Teacher Knowledge）是教师从事教育实践活动所应具备的专业知识的总称，指教师在日常教育教学活动中生成且为完成教学任务而应努力具备的知识总和。[①] 从19世纪开始，教师知识的研究才有一些零散的论述，且教师知识角色的建构始终跟随知识性质的转变而变化：从原始社会、古代社会、近现代社会和后现代社会，知识的性质经历了从神秘性、终极性、客观性向文化性的转变，教师角色也从巫、控制者、灌输者发展到对话者。[②] 单个教师知识要素必须在知识结构中才能够获得存在的价值，并能作用于教师的教育教学实践。因此，

①朱淑华，唐泽静，吴晓威．教师知识结构的学理分析——基于对西方教师知识研究的回溯［J］．外国教育研究，2012，39（11）：118-126.

②闫昱洁．从知识性质的转变看教师角色的转换——基于历史和实践的概括［J］．当代教育科学，2015（20）：41-44.

“教师知识结构”（the Structure of Teacher Knowledge）是指由多种教师知识要素整合而成的专业知识体系。它是教师在教育实践活动中，经由自身学习、建构、反思、外化，最终储存在认知结构中而形成的多维度、多层次的动态知识体系。其中不仅包括不同知识要素间的比例构成、组织方式，还包括知识的整体存在样态。

二、教师知识结构的要素

教师专业化是教育改革的核心任务之一。随着教师专业化的不断发展，人们对教师知识要素的认识已不仅仅局限于学科内容知识领域，而对教师知识类型的丰富性、复杂性、多元化和科学化达成了共识，认为教师知识的有无决定了教师教学的有效性。但由于研究的立场的不同，研究者在教师应拥有何种知识上存在着分歧。总体而言，对教师知识的研究存在三种取向，一是教师教学的知识基础（knowledge base of teaching）的研究；二是教师实践知识（teacher practical knowledge）的研究；三是教师情境知识（teacher situated knowledge）的研究。

学科取向的教师知识研究揭示了为胜任教学教师应拥有的各类知识，主要服务于教师专业化。影响最广泛和最受认可的是1987年舒尔曼（Shulman）对教师的基础知识进行的七种分类：内容知识（content knowledge）、一般教学知识（general pedagogical knowledge）、课程知识（curriculum knowledge）、学科教学知识（pedagogical content knowledge，也叫教学法—内容知识）、学生及其学习特点的知识（knowledge of learners and their characteristics）、教学情境知识（knowledge of educational contexts）、教育目的与价值的知识（knowledge of educational purpose and values）。这其中学科知识、一般教学知识、学科教学知识、教学情境知识被视为教师知识的基石[①]。在这之后 D. C . Berliner 及 Putnam & Borker 等人在 Shulman 的研究基础上分别又对教师知识予以不同的分类。Shulman 、Grossman 、Berliner 等人的知识分类的标准和对知识分类的表述虽有不同，但均包含了学科内容知识、一般教学法知识、学科教学法知识等。揭示了教师具有学科内容知识是教师知识的核心，并且强调了这些知识既具有理论性，又具有实践性。

随着后现代主义的兴起和人们知识观的转型，教师知识研究进入实践性和个

①舒尔曼．理论、实践与教育的专业化［J］．王幼真，刘捷，编译．比较教育研究，1999（3）：36-40.

人性，研究者将实践知识逐步纳入教师知识结构的研究中。实践知识取向的研究揭示了教师实践知识及其形成过程。首先是斯滕伯格（R. Sternberg）将教师知识分为三部分：内容知识、教学法的知识（具体的和非具体的）和实践的知识（外显的和内隐的）①。考尔德黑德（J. Calderhead）、康奈利（F. M. Connelly）提出了“个人实践知识”（personal practical knowledge），指出应关注教师如何看待自己的工作及其背后所运用的知识。舍恩（D. A. Schon）摒弃实证取向下的知识技术理性，从实践的认识论出发关注教师在复杂教学情境中对知识的解释、决策、行动和反思，提出“反思实践”，强调了教师在行动中的反思②。范梅南（Van Manen）认为教师的教学反思包括三个水平：对技术合理性的反思、对实践行动的反思、批判性反思。③ 实践取向的教师知识结构要素除了学科取向教师知识的基本要素外，更多的是将教师的知识融入实践情境中予以思考，注重的是教师“运用的知识”，而这种“使用的理论”的形成要受教师个人的个性、价值观和个人生活经验的影响，因此，实践知识更多地打上了教师个性化的色彩。④

随着知识观的不断发展，情境取向的教师知识观认为，知识是个体与社会情境和物理情境互动的结果，知识的运用不仅受其本身规则的制约还受特定文化、活动和情境的制约；知识随着在每一次新的情境中的运用，其内涵都将发生变化。⑤所以，教师知识深受教学情境的影响，因为教学情境是变化的，所以教师的教学知识也应随着情境的变化而变化。因此，情境取向的研究者对教师知识结构要素的理解更加强调了教师知识所运用的自然情境和社会文化情境。奥尔森（Olson）认为，知识在于它是对情境的反思。教师知识就是对其所处的这两种环境的反思结果，教师教学效能的提高在于理解其所处的教学环境。⑥英戈尔（Yinger）则直接提出知识不存在教师个人中，而是存在于情境中，即蕴含在文

①Sternberg R J, Horvath J A, 高民, 张春莉. 专家型教师教学的原型观［J］. 华东师范大学学报（教育科学版），1997（1）：27-37.

②Schon D. The reflective practitioner：How Professional think in Action［M］. New York , Basic Books, 1983：121-122.

③Van Manen M. Linking ways of knowing with ways of being practical［J］. Curriculum Inquiry, 1977, 6：205-228.

④杨翠蓉，胡谊，吴庆麟. 教师知识的研究综述［J］. 心理科学，2005，28（5）：1167-1169.

⑤Brown J. S. , Collins A. & Duguid P. Situated Cognition and the Culture of Learning［J］. Educational Researcher, 1989, 18（1）：32 -42.

⑥Olson J. Making Sense of Teaching：Cognition vs. Culture［J］. Journal of Curriculum Studies, 1988, 20（2）：167-170.

化系统、物质系统、社会系统、历史系统和个人系统中。[①]

学科取向的教师知识分类研究为我们揭示了胜任教学教师应该拥有的知识类型，但这些知识在实践中并不能简单地区分和罗列，更无法单独提升以促进其整体作用效果，这些知识是教师在教学实践中综合运用，融入了更多的教师个人知识的实践性知识，并且要受到特定的教学环境的影响。

三、体育教师的知识结构演变

学校体育是学校教育的重要组成部分，学校体育教育质量提升的首要要素就在于体育教师的知识。自 20 世纪 70 年代以来，美国学校体育主要研究反映在体育教师知识研究的相关领域，影响力较大的学术专著也多以此为重点议题。1974 年，西登托普（D. Siedentop）在《体育教育导论性分析》（Physical Education Introductory Analysis）中提出体育教师的知识范畴应该涵盖：（1）体育教育的学科规律，包括人类体质培育的知识、实现体育教学效果手段的知识、人类身体活动（human movement）的美学知识、游戏的知识与竞技的知识五个要素；（2）体育教师职业的认识，包括体育教师职业历史演进的知识、体育教师职业社会地位与社会处境的知识两个方面；（3）对于未来体育教师职业发展的判断能力。[②] 2002 年，西登托普又发文指出体育教师应知道如何进行体育活动的教学，体育教师应拥有体育学科的知识、技能，还应该知道如何安排精神运动，如何认知、关注社会维度和适应变化的运动情境。[③] 西登托普在迟暮之年又发表著作《体育教育、体质与竞技运动导论》（Introduction to Physical Education, Fitness and Sport），提出了美国体育学界所普遍认为的体育教师知识的三大类别，即体质（fitness）、竞技运动（sport）与教学法（pedagogy）之间的关系应该是不同教学语境（teaching context）内的互动，倡导将研究的注意力从三者的各自独立中跳出，以

①Yinger R. & Hendricks-Lee, M. Working Knowledge in Teaching. In : C. Day, J Calderhead , & Pam Denicolo. Research on Teacher Thinking : Understanding Professional Development [M]. New York, Routlege, 2012: 100-123.

② Siedentop D. Physical Education Introductory Analysis [M]. Wm. C. Brown Company Publishers, Dubuque, Iowa, 1974: 297.

③ Siedentop D. Content knowledge for physical education [J]. Journal of Teaching in physical education, 2002, 21 (4): 368-377.

行为主义作为体育教师知识研究的主要哲学理据。①

在我国，20 世纪 80 年代后，学者对体育教师需要什么样的知识关注多停留在对其智力发展和智能结构的完善上，教育理论知识、体育专业理论知识与技术的掌握上。而对教师在体育教学中如何表达所知，如何运用所知，如何在体育教学实践中形成自己的实践性知识的研究却是从 21 世纪后逐步被关注。李建军（2000）将体育教师的知识分为个体性知识、条件性知识、实践性知识（包括操作性实践与指导类、体育教育科研类）。② 程传银（2013）认为，体育教师的知识必须在道德和政治维度等多种社会维度中重新概念化，体育教师的知识不应是空洞抽象的知识，而是在学校教学中需要面对的和与社会体育实践紧密联系的知识，与特殊兴趣、意识形态有关和与过去、现在、未来相递推的知识。体育教师应从工匠教师转变为促进知识转换的智慧教育者。③

近年来，随着核心素养研究在世界各国的开展，教师核心素养也成为我国教师知识研究的重要内容。体育教师的核心素养是体育教师处理教育过程复杂性和不可预知问题的关键能力，是专业基础知识在体育教学理解和创新过程中的综合反映。何劲鹏认为，体育教师核心素养是深厚体育专业知识与学科理解能力、教学创新能力的综合反映。应该包含三个方面：第一，高度的社会责任感；第二，深厚的理论基础；第三，精湛的运动技能，而且这三个维度应是立体的长、宽、高综合反映。④

李承伟从职业信念、专业知识与能力、运动技能、反思与自我发展、工作与生活管理五个维度总结了我国中学体育教师核心素养的结构。他认为，教学设计与实施的知识、体育运动训练的知识、学校体育伤害事故的预防与应急的知识三方面知识是中学体育教师完成体育教育基本任务所需的核心专业知识；在中学体育教师专业能力方面，发展中学体育教师的校园体育竞赛的组织及相应的裁判能力，通过体育活动对学生进行爱国主义、集体主义教育的能力，具备开发和利用各种体育资源的能力是其核心的专业能力。具体见图 1-1。

---

①Siedentop D. Introduction to Physical Education, Fitness and Sport [M]. New York: McGraw-Hill Humanities/Social Sciences, 2011: 17-20.

②李建军. 论我国高校体育教师继续教育目标设定与课程构建 [J]. 吉林体育学院学报, 2000, 16 (3): 7-11.

③程传银. 对体育教师知识基础的再认识 [J]. 武汉体育学院学报, 2013, 47 (4): 73-77.

④何劲鹏. 卓越体育教师核心素养的内涵及实践探索 [J]. 体育学刊, 2017, 24 (2): 91-95.

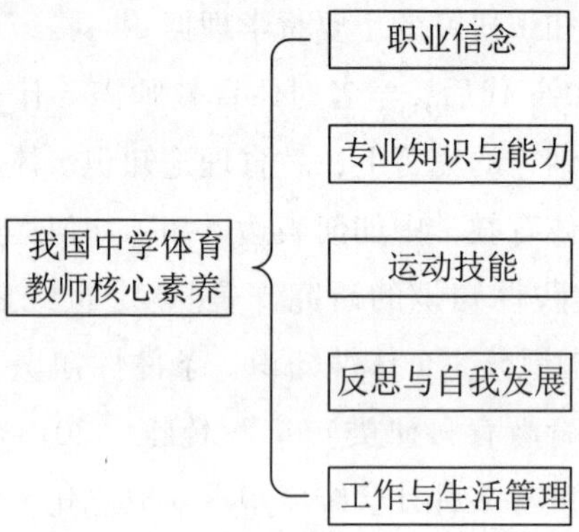

图 1-1　我国中学体育教师核心素养结构模型简图①

职后教师核心素养离不开对其职前知识体系的培养。职前体育教师的知识包括基本知识和专业知识，是体育教师核心素养的基础。职前体育教师的基本知识包括教育学领域、教育心理学领域、体育教学论等方面的知识，这些领域的知识也是国家教师资格考试的必考内容。职前体育教师的专业知识包括体育项目教学领域的训练领域、项目组织、竞赛、裁判和科研领域，以及运动机能评价与调控领域的知识与技能等，这些知识与技能是职前体育教师的根本；职前体育教师系统掌握了某一、二项或更多体育项目的知识、技能，与该项目的教学、训练、组织竞赛、裁判知识以及项目的运动机能评价、机能调控与科学研究的知识，则会形成以某一项目为主线的专业知识链条，为其从事教师工作提供系统的知识结构储备。②

《普通高中体育与健康课程标准（2017 年版）》中指出：学科核心素养是学科育人价值的集中体现，是通过学科学习而逐步形成的正确价值观念、必备品格与关键能力。学科核心素养不仅需要体现学生发展核心素养（文化基础、自主发展、社会参与）的共性要求，更强调通过体育与健康教育教学后学生所形成的、具有学科特性的正确价值观念、必备品格与关键能力。体育与健康学科核心素养主要包括运动能力、健康行为和体育品德三个方面。③ 学科核心素养是落实立德树人任务的出发点和落脚点，引领体育与健康课程改革的深入发展，也引领教师

①李承伟．我国中学体育教师核心素养研究［D］．北京：北京体育大学，2018.

②杨丹，王华倬．职前体育教师核心素养模型构建与探析［J］．高等教育研究报，2017，40（2）：34-41.

③季浏．我国《普通高中体育与健康课程标准（2017 年版）》解读［J］．体育科学，2018，38（2）：1-18.

专业化的进一步发展。

教师的核心素养的构建应紧紧围绕学科核心素养的构建，使其更好地服务于学生体育学科核心素养的培育需求。在“立德树人”的背景下，应紧紧围绕培养体育学科相关的运动能力、健康行为和体育品德而进行体育教师专业化发展：注重专业知识的学习与内化，通过专业行动与反思，形成专业发展路径与图式。在体育教师专业发展中专业知识的学习与内化是基础，体育教师知识结构从技能取向→理论取向→实践取向转变，驱动了体育教师知识研究向着内容+方法+实践的方向发展。体育教师不但需要一般的科学文化知识、教育理论知识（包括心理学知识）、体育专业理论知识、运动技能，更需要掌握教学实践的知识。所以，需要进一步对体育学科知识（PE-CK）和体育学科教学知识（PE-PCK）的内涵和关系进行梳理。

第二节　体育教师的学科内容知识

一、教师的学科内容知识重要性

“学科”一词源于拉丁语的动词“学习”（discere），在英语中用 discipline 指称“学科”一词，指科学门类或某一研究领域，一定单位的教学内容、规范惩罚等含义。① 其中含着三层含义：第一，学科即学术领域及相关的课程；第二，是严格的训练或熏陶；第三，是规范准则或约束。② 伯顿·R. 克拉克认为，学科是对知识专门化的组织方式以实现领域专门化。他认为，每一学科都有一种知识传统，即思想范畴和相应的行为准则。③ 每门独立学科的不同的研究对象决定该门学科特定的知识组织形式和内容。在教学领域，对于教师来说，专业化的学科知识的掌握决定其专业化的程度，学科知识影响教师所教授的内容与教授方法，进而影响学生的教学。

教师的学科内容知识的水平对教学效果起到决定性作用。作为一名体育教

①王长纯．学科教育学概论［M］．北京：首都师范大学出版社，2000：3-5.

②蒋洪池．大学学科文化研究［M］．北京：光明日报出版社，2011：17.

③伯顿·R. 克拉克．高等教育系统——学术组织的跨国研究［M］．王承绪，等译．杭州：杭州大学出版社，1994：34，87.

师，要想成功地进行体育课教学，就必须具有优良的学科内容知识。如果一名体育教师缺乏学科内容知识，教学质量就会下降，学生学习的效果就会差[①]。近年的一些美国实验研究结果表明：增强体育教师的学科内容知识可以提高学生的学习效果[②]。教师的学科内容知识的重要性也体现在美国的教师教育国家专业标准中。如标准 1 表明："职前体育教师在中小学体育课教学中能够描述和应用体育学科知识，包括动作技能/技术（motor skills）、动作方式（movement patterns）、概念（concepts）、战术和技巧（strategies）、动作技术（techniques），以及比赛规则和体育道德行为（rules and etiquette）[③]，适合学生身心发展规律的技术动作要点、教学提示、常犯的错误动作，以及设计和使用合理的教学步骤来进行教学"。尹志华在他的专著《体育教师专业标准研究》里也强调了教师的学科内容知识的重要性[④]。

二、体育教师的学科内容知识分类

学科内容知识指某一学科领域所包含的所有本体性知识。并非某一学科领域的所有知识都是教师所需的学科知识。所以首先要明确学科知识的分类，才能明确学科教师需要掌握的最核心的学科知识。

那么，一名体育教师需要哪些学科内容知识才能把体育课教好呢？拥有哪些知识才能当教师？懂得什么知识才能成为好老师？从柏拉图的"阿卡德米"开始到 18 世纪，人们秉持着只要有足够水平的学科知识储备就能成为一名好老师的观念。教学知识观只指向教学什么的问题。而夸美纽斯倡导，"教学是把一切事务交给一切人的全部艺术"，由此，教师的专业知识也拓展为"学科知识+教育学知识"。

教师的学科教学知识对学生的学习效果起到决定性作用，而教师的学科内容知识对他们的学科教学知识又起到巨大的影响作用。学科内容知识与学科教学知

①Stroot S. & Ko B. Induction of beginning physical educators into the school setting. In D. Kirk, D. Macdonald, & M. O' Sullivan (Eds.), Handbook of physical education [M], London: SAGE. 2006, 425-449.

②Ward P, Kim I, Ko B & Li, W. Effects of improving teachers' content knowledge on teaching and student learning in physical education [J]. Research Quarterly for Exercise and Sport, 2015, 86 (2): 130-139.

③ Society of Health and Physical Education, 2017, National Standards for Initial Physical Education Teacher Education. Reston, VA, Society of Health and Physical Educators [S].

④尹志华. 体育教师专业标准研究 [M]. 上海：华东师范大学出版社，2017.

识之间的关系很好地体现在鲍尔等（Ball et al. ，2008）对学科内容知识的分类上。鲍尔等（Ball et al. 2008）从数学学科知识入手，在对 CK 和 PCK 的内涵和外延进行了梳理后，将数学学科内容知识（CK）划分为两个方面：一般学科内容知识与专门性学科内容知识。[①] 沃德（Ward，2009）将鲍尔等（Ball et al. 2008）的学科内容知识概念引入到体育学科，并将它分为两个方面的知识以及四个领域（表 1-1）。

表 1-1　Ward's 体育学科内容知识分类[②]

学科内容知识（CK）			
一般学科内容知识（CCK）		专门性学科内容知识（SCK）	
比赛规则与体育行为准则（rules and Etiquettes）	技术与战术（techniques and tactics）	学生犯的技术与战术错误（knowledge of errors of techniques and tactics）	讲解与示范以及教学步骤（knowledge of lnstructional tasks and the representation of task）

一般学科内容知识是指一个人从事一项体育运动所需要的知识和技能。比如在足球比赛中正确使用射门技术，它包括两个方面的知识。一个是比赛规则和体育行为准则；另一个是技术和战术知识。对于比赛规则和体育行为准则，以羽毛球为例，一个人要知道如何得分以及在哪里进行发球，要将球发到哪个位置。在换边的时候，不可以从网下过去等。另外，要了解一些安全方面的知识。比如，如何安全地布置场地和器材。对于技术和战术知识，一个从事羽毛球运动的人需要知道羽毛球基本技术的动作要领和战术。比如，如何将对方调动到后场以便赢得准备击球的时间。

专门性学科知识是指一个人教一项体育运动所需要的知识和技能。比如如何教足球射门技术，它是一种学科内容知识。这种学科内容知识是教师用来传授一般学科内容的知识和能力。专门性学科知识包括两个方面。一个是学生犯的技术与战术错误。比如，体育教师在教篮球胸前双手传球技术时，需要知道学生常犯

①Ball D L, Thames M H , & Phelps G. Content knowledge for teaching: What makes it special? [J]. Journal of Teacher Education, 2008, 59: 389-407.

②Ward P. Content matters: Knowledge that alters teaching. In L. D. Housner, M. W. Metzler, P. G. Schempp, & T. J. Templin (Eds.), Historic traditions and future directions of research on teaching and teacher education in physical education [M]. Morgantown, WV: Fitness Information Technology, 2009: 345-356.

的一个动作错误是没有上前迈步，力量不足从而导致球没有传到位。有了这方面的知识，体育教师就可以在教学中很快发现学生的错误，从而采用相应的教学方法和手段来纠正他们的错误动作。另一个是讲解与示范以及教学步骤。体育教师必须能够清晰准确地对技术与战术等教学任务进行讲解和示范，同时设计符合学生身心发展规律的各项技战术的教学步骤，从而能够提高他们的运动技能和知识能力。在讲解时，可以采用比喻等方法来帮助学生更好地记忆和理解所教授的知识和技能。

本教材的体育学科知识（PE-CK）主要是指在体育学科领域内所包含的有一定相关性、逻辑性、操作性的知识组块和认知操作图式，一般以体育专业理论知识和运动技能两种知识形式体现。重点借鉴 Ward 教授对教师知识的分类，将普通的学科知识如何进行教学法加工，加深理解并进行结构化的呈现，使其成为学生易于理解的特殊学科知识（SCK），并进一步应用于教学实践中，形成体育教师自己的学科教学知识（PCK）。

第三节　体育教师的学科教学知识

一、教师的学科教学知识

1986 年舒尔曼（Shulman）提出了学科教学知识（也叫教学法—内容知识）概念来研究教学。学科教学知识是教师将学科知识和内容通过特定的教学方法和手段教授给特定的学生，从而提高他们的学习效果。[①] 学科教学知识从舒尔曼的初始教学法—内容知识概念逐渐演变到今天普遍认可的 Grossman's（1990）将学科教学知识定义为四方面学科知识的结合：内容知识（content knowledge），教育学知识（pedagogical knowledge），关于学生的知识（knowledge of students），以及关于课程的知识（ knowledge of curricula）。[②] Ball 等．(2008) 将学科教学知识划分为三个领域：学生与内容知识（kowlege of content and student）、教学与内容知

①Shulman L. S. Those who understand: Knowledge growth in teaching [J]. Educational Researcher, 1986, 15: 4-14.

②Grossman P. L. The making of a teacher: Teacher knowledge and teacher education [M]. New York: Teacher College Press, 1990.

识（knowledge of content and teaching）、课程与内容知识（knowledge of content and curriculum）。虽然不同的学者对学科教学知识的定义有不同之处，但是他们都是在舒尔曼定义的基础上进行更改和完善的。

我国学者对 PCK 理论全面引入和深入分析其利弊的同时，更多的是思考如何将其本土化的问题，故 PCK 在中国的应用与发展又成为近年来国内学者研究的另一轮热潮。重点在两个方面进行了研究：第一是一般 PCK 向学科 PCK 和话题 PCK 的转向；第二是 PCK 与教师教育发展关系及启示。

首先，揭示 PCK 是教师知识中最有意义的知识，有助于教师知识的全面发展以及加快教师专业化进程。其次，PCK 各成分的研究为教师教学知识发展提供指导。PCK 的成分要素既是教师专业发展需要考虑的要素，也是提高教师教学控制能力的有效发展空间。最后，通过教师 PCK 实践性的研究，使教师积累大量的案例，形成话题 PCK，对学科发展和具体的研究课题都有重要意义。在体育学科，越来越多地需要从“一般 PCK”→“学科 PCK”→“领域 PCK”→“话题 PCK”发展；从注重教师 PCK 的理论性到重视 PCK 的实践性发展。

二、体育教师的学科教学知识的内容与积累

正如库尼所说：“教师获取学科教学知识的途径是教师教育的支撑点之一，相应地它应当成为教师教育研究的焦点。”学科教学知识是教师从事教育教学活动的知识基础，在教师知识中处于统领性的核心地位，它从根本上决定了教师职业的专业性。因此，教师专业发展必然以学科教学知识的习得与拓展为前提。学科知识作为学科教学知识产生的基本要素，决定了学科教学知识必然带有很深的学科烙印，通过前人的研究我们不难发现，学科教学知识往往指向具体的学科，是学科内部的教师教学知识。它体现出明显的学科专业性，不同学科的教学知识虽然在教学知识层面可能拥有互通之处，但其核心内容却具有较大差异，不具备直接转化为其他学科教师任教知识基础的潜能。①

（一）体育学科教学知识的内容

体育学科受母体多元性、目标的多层性、知识的操作性、内容的复杂性、逻

①唐泽静，陈旭远．“学科教学知识”研究的发展及其对职前教师教育的启示［J］. 外国教育研究，2010，37（10）：68-73.

辑的非递性、一项多能性、一能多项性、学练的积累性、个体的遗传性、参与多样性、环境的影响性等多因素的影响，使其具有许多与其他学科不同的特性。① 其中最重要的就是体育教学中教学情境的复杂与多变。所以，体育学科教学知识的最大特点是突出知识学习具体情境，而不是对知识传授规律的归纳。特别是体育教学中遇到比较复杂的技术动作时，教师如何能够把知识有效转化为学生容易理解的方式，即知识的心理学化，是非常重要的能力。如某教师在教授跨栏中摆动腿攻栏技术时，在讲解与示范该技术后，发现学生总是不能很好理解该动作要领，经过长时间的教学经验积累与思考，该教师巧妙地把该动作与生活中的“踹门”动作相联系，当学习该技术时，使学生联想生活中“踹门”时的动作，学生很快就理解了跨栏摆动腿的技术要领，节省了大量教师讲解与示范的时间。通过上述的案例可以进一步理解学科教学知识的作用，在体育教学中大量的知识是需要结合具体情境使用的。如果教师面对一定的教学情境，教条地使用教科书中的教学方法，学生们理解与学习比较死板，以至于影响学习积极性与效果。②

学科教学知识需要结合具体的知识点、具体的学习主体，这种知识的呈现方式一般在教科书中是无法看到的。Ayvazo（2007）通过研究发现，当一个体育教师开始选择 PE-CK 时，也就是他进行教学选择和适应的时候，而这个过程正是基于他已有的 PCK。③ 教师在教不同的运动内容，教相同的学生不同的运动内容，教不同年级、水平层次的学生同一运动内容的过程中，教师 PCK 的成熟度都是不同的。下面通过一个教学案例说明学科教学知识在体育知识学习中的作用。短跑技术一般是中小学生必修的内容之一，按照大多数教科书中的规定，短跑教学顺序为途中跑—起跑—起跑后加速跑—终点跑。但对于小学生而言，由于受到课时少、专项基础薄弱等因素的影响，按照上述顺序教学效果不理想。根据这一具体问题，教师采取短跑技术逆向教学的方式 ，以终点跑—途中跑—起跑—起跑后加速跑的教学顺序呈现知识。这种知识技能的呈现方式即学科教学知识，是教师根据具体知识点、学习主体的情况，根据教学经验而开发的新的教学方法。这种教学方法的优点在于：优化了教学过程，节省了时间，学生在学习起

①李强，毛振明．体育教育专业特色课程设计理论［M］．北京：北京体育大学出版社，2016.

②柴娇，郑风家，李林鹏，等．学科教学知识对培养体育教师专业化途径的研究［J］．西安体育学院学报，2011，28（3）：363-366.

③Ayvazo S. Exploring the pedagogical content knowledge of effective teachers in physical education［J］. Dissertation abstracts International，2007，68-04，Section：A：1831.

跑技术的同时强化了已学过的技术；使技术教学由浅入深，易于掌握，把最难的起跑技术安排在最后学习；技术动作衔接更加自然流畅，明确短跑各阶段的衔接，提高了跑速；此外，由于学生先前学会了终点跑后的放松缓冲，避免了全力加速跑后不会放松带来的意外伤害事故。①

综上所述，本教材的体育学科教学知识主要指：体育教师在教学中将体育学科知识融合体育课程知识、教学法知识、学生知识和教学情境知识后而形成的易于学生接受的表征形式的知识。

（二）体育教师学科教学知识的积累

体育教师学科教学知识的积累是其专业化发展的有效途径，需要从以下几步进行：首先，体育教师如何面对错综复杂的体育教学情境，有效地理解和选择以运动技术为代表的体育学科内容知识。其次，体育教师如何对学科知识进行适应教学对象和教学情境的分析、理解与转化，进行运动技术分析，参照运动生物力学原理进行技术动作错误的剖析与纠正。最后，设计出适合教学实践的教学步骤并付诸实践检验。这也是本教材编写的逻辑主线，旨在为体育教师提供教学知识积累的导引。

参考文献

[1] 朱淑华，唐泽静，吴晓威．教师知识结构的学理分析——基于对西方教师知识研究的回溯[J]．外国教育研究，2012，39（11）：118-126.

[2] 闫昱洁．从知识性质的转变看教师角色的转换——基于历史和实践的概括［J］．当代教育科学，2015（20）：41-44.

[3] 舒尔曼．理论、实践与教育的专业化［J］．王幼真，刘捷，译．比较教育研究，1999（3）：36-40.

[4] Sternberg R. J.，Horvath J. A.，高民，张春莉．专家型教师教学的原型观［J］．华东师范大学学报（教育科学版），1997（1）：27-37.

[5] Schon D. The reflective practitioner：How professional think in action［M］．New York，Basic Books，1983：121-122.

[6] Van Manen M. Linking ways of knowing with ways of being practical［J］．Curriculum Inquiry，

①黄显良．中小学短跑课逆向教学效果佳［J］．体育教学，2009（5）：58.

1977 (6): 205-228.

[7] 杨翠蓉, 胡谊, 吴庆麟. 教师知识的研究综述 [J]. 心理科学, 2005, 28 (5): 1167-1169.

[8] Brown J. S., Collins A., & Duguid P. Situated cognition and the culture of learning [J]. Educational Researcher, 1989, 18 (1): 32 -42.

[9] Olson J. Making sense of teaching: Cognition vs. culture [J]. Journal of Curriculum Studies, 1988, 20 (2): 167-170.

[10] Yinger R. & Hendricks-Lee, M. Working knowledge in teaching [M]. In: Christopher Day, J Calderhead, Pam Denicolo. *Research on Teacher Thinking: Understanding Professional Development* [M]. 2012: 100-123.

[11] Siedentop D. Physical Education Introductory Analysis [M]. Wm. C. Brown Company Publishers, Dubuque, Iowa, 1974: 297.

[12] Siedentop D. Content knowledge for physical education [J]. Journal of Teaching in Physical Education, 2002, 21 (4): 368-377.

[13] Siedentop, D. Introduction to Physical Education, Fitness and Sport [M]. NewYork: McGraw-Hill Humanities/ Social Sciences, 2011: 17-20.

[14] 李建军. 论我国高校体育教师继续教育目标设定与课程构建 [J]. 吉林体育学院学报, 2000, 16 (3): 7-11.

[15] 程传银. 对体育教师知识基础的再认识 [J]. 武汉体育学院学报, 2013, 47 (4): 73-77.

[16] 何劲鹏. 卓越体育教师核心素养的内涵及实践探索 [J]. 体育学刊, 2017, 24 (2): 91-95.

[17] 李承伟. 我国中学体育教师核心素养研究 [D]. 北京: 北京体育大学, 2018.

[18] 杨丹, 王华倬. 职前体育教师核心素养模型构建与探析 [J]. 高等教育研究报, 2017, 40 (2): 34-41.

[19] 季浏. 我国《普通高中体育与健康课程标准（2017 年版）》解读 [J]. 体育科学, 2018, 38 (2): 1-18.

[20] 王长纯. 学科教育学概论 [M]. 北京: 首都师范大学出版社, 2000: 3-5.

[21] 蒋洪池. 大学学科文化研究 [M]. 北京: 光明日报出版社, 2011: 17.

[22] 伯顿·R. 克拉克. 高等教育系统——学术组织的跨国研究 [M]. 王承绪, 等译. 杭州: 杭州大学出版社, 1994: 34, 87.

[23] Stroot S. & Ko B. Induction of beginning physical educators into the school setting [M]. In D. Kirk, D. Macdonald & M. O'sullivan (Eds.), Handbook of physical education, London:

SAGE, 2006: 425 - 449.

[24] Ward P., Kim I., Ko B. & Li W. Effects of improving teachers' content knowledge on teaching and student learning in physical education [J]. Research Quarterly for Exercise and Sport, 2015, 86 (2): 130-139.

[25] Society of Health and Physical Education, 2017, National Standards for Initial Physical Education TeacherEducation. Reston, VA, Society of Health and Physical Educators [S].

[26] 尹志华．体育教师专业标准研究［M］．上海：华东师范大学出版社，2017：11.

[27] Ball D. L., Thames M. H. & Phelps G. Content knowledge for teaching: What makes itspecial? [J] Journal of Teacher Education, 2008, 59: 389-407.

[28] Ward P. Content matters: Knowledge that alters teaching. In L. D. Housner, M. W. Metzler, P. G. Schempp & T. J. Templin (Eds.), Historic traditions and future directions of research on teaching and teacher education in physical education [M]. Morgantown, WV: Fitness Information Technology, 2009: 345-356.

[29] Shulman L. S. Those who understand: Knowledge growth in teaching [J]. Educational Researcher, 1986, 15: 4-14.

[30] Grossman P. L. The making of a teacher: Teacher knowledge and teacher education [M]. New York: Teacher College Press, 1990.

[31] 唐泽静，陈旭远．"学科教学知识"研究的发展及其对职前教师教育的启示［J］．外国教育研究，2010，37（10）：68-73.

[32] 李强，毛振明著．体育教育专业特色课程设计理论［M］．北京：北京体育大学出版社，2016.

[33] 柴娇，郑风家，李林鹏，等．学科教学知识对培养体育教师专业化途径的研究［J］．西安体育学院学报，2011，28（3）：363-366.

[34] Ayvazo S. Exploring the pedagogical content knowledge of effective teachers in physical education [J]. Dissertation abstracts International, 2007, 68-04.

[35] 黄显良．中小学短跑课逆向教学效果佳［J］．体育教学，2009（5）：58.

第二章 运动项目分析
CHAPTER 02

谚语云“不要谈论我们一无所知的事情”。这句话非常适用于体育课教学或运动训练。体育教师或教练员必须具有体育运动项目知识以及教学或训练知识，才能有效地对儿童和青少年进行体育教学和训练。例如，一名体育教师或教练员如果要进行篮球教学或训练，就需要熟悉篮球历史、文化、规则、技术和战术、装备和设施，以及可以提高儿童和青少年技术和战术的练习步骤。我们将这称为知识库（knowledge package），其中包含体育教师或教练员有效进行儿童与青少年体育教学与运动训练所需的全部知识和信息。本章将对运动项目分析、技能、技术和战术进行定义。在这一章节中您将学习并了解有关技能、技术和战术之间的异同点。您还将能够掌握有效地进行运动项目分析所要经历的具体步骤，并学到如何通过运动项目分析来构建知识库。

第一节 运动项目分析及组成部分

本章重点介绍运动项目分析（第4章对技术分析主题进行更全面的讨论）。能够理解和掌握一项体育运动项目中的所有任务组成部分是教师或教练员有效地进行该项目的教学与运动训练的重要基础。什么是任务？在运动技能学习领域中，任务被定义为具有特定目标的一项练习，以及实现该目标所需要经历的过程。例如，要求学生将球踢过障碍物并到达目标区域以获得分数。任务也可以定义为分析单位。它可以指任何事物，比如知识、概念、文化以及运动技能等。以篮球为例，一项任务可以是篮球历史、文化、规则和礼仪、装备、技术，或进攻和防守战术。

运动项目分析（sports analysis）可以定义为系统地识别、分析、排序和选择适合学生身心发展规律的学习任务以获得最佳学习效果和技能的过程。进行运动项目分析有三个主要目的。第一个目的是识别、定义和描述教师或教练所需要知道的有效教学的所有任务。第二个目的是为每个任务设计渐进式练习步骤，将学生或运动员的技能从低水平提高到高水平。最终目的是选择适合学生身心发展规律的练习任务，从而让学生获得最佳学习效果和技能水平。

任何一项体育运动项目都包含五个任务领域：体能训练、背景知识、运动技能（技术和战术）、渐进式练习步骤、社会心理与情感概念。

一、体能或身体素质训练

体能或身体素质是运动员取得优异比赛成绩的至关重要因素之一。作为一名体育教师或教练员，您需要掌握与体能或身体素质训练相关的基本知识与技能。

（一）典型的体能或身体素质训练内容

一个典型的体能或身体素质训练处方通常包括三个主要部分：5~10 分钟准备性练习，主要体能或身体素质训练内容，5~10 分钟结束练习。

对于准备性练习，可以是一般性的练习，包括慢走、快走、慢跑或跑步等的热身运动和拉伸练习，也可以是针对所从事的特定运动项目而做的专门性练习。它们可以是一般的热身、冷却和伸展运动或者是特定的热身和伸展运动，比如篮球的运球、上篮和传球等技术练习。主要体能或身体素质训练内容通常包括举重或抗阻力练习和有氧运动，以增强肌肉力量、耐力和心血管能力。结束部分练习可以是慢走或慢跑等恢复性运动和拉伸练习。

（二）拉伸运动的类型

有四种不同类型的拉伸运动：静态（static）、动态（dynamic）、弹性（ballistic）和本体感受神经肌肉促进法（proprioceptive neuromuscular facilitation，PNF）。静态和 PNF 拉伸练习是促进健康以及健身领域里最常用的伸展练习。它们是安全的，并且能有效地提高学生的柔韧性。动态和弹性伸展练习通常在运动训练中被普遍使用，来提高运动员的运动成绩。对于那些旨在改善健康的人来说，不建议进行动态和弹性拉伸练习，因为它们比其他拉伸练习更容易造成身体伤害。以下是每种拉伸练习的定义和具体示例。

1. 静态拉伸（static stretching）

保持关节在合适的运动范围内缓慢而稳定地拉伸肌肉。例如，我们保持左臂在肩部水平，右臂弯曲在左臂肘关节，向胸前拉伸左肩。

2. 动态拉伸（dynamic stretching）

在关节运动的合适范围内进行具有挑战性和舒适性的反复拉伸运动。例如，缓慢、有控制地摆动腿部。

3. 弹性拉伸（ballistic stretching）

通过弹跳或反弹快速且短暂地，以超出正常运动范围的拉伸关节。例如，在横向弓步位置，通过上下弹跳进行弹性拉伸练习。

4. PNF（本体感受神经肌肉促进法）

PNF 是应用本体感觉刺激来促进肌肉收缩，增强肌肉能力，扩大关节活动范围，增加功能活动的一种拉伸方法。这种方法先让肌肉强力收缩诱发反射性的自我抑制，等肌肉因反射作用松弛后，再利用伸展运动让肌肉放松。PNF 通常需要同伴提供帮助。最初的伸展后，身体反射放松肌肉，然后可以进一步拉伸。例如，你躺在地板上，一条腿直立在空中，并且一个伙伴将你的脚保持在右上方位置，并用肩膀顶住。你会对你的同伴施加阻力以拉伸肌肉，大约 6 秒钟以后放松肌肉。接下来你的同伴可以进一步推动腿部，你会再次施加阻力来拉伸肌肉，并再次放松。这可以重复多次。

作为教练或教师，应对球员或学生传授热身准备活动和结束冷却活动的重要性与益处，以便球员或学生得到科学锻炼的知识，并能养成在剧烈运动之前进行热身活动和在运动之后做冷却活动的良好行为习惯。在身体活动之前进行适当的热身可以让肌肉和心脏做好活动准备，防止受伤，并减少肌肉酸痛。在身体活动后进行适当的冷却活动则有助于逐渐减慢心率并减少肌肉酸痛。进行伸展运动可降低受伤风险，同时还可以发展灵活性，从而提高身体素质和体育动作水平。

二、背景知识

对于这个组成部分，我们需要了解我们正在教授的体育运动项目的历史和文化、规则和礼仪、所需的设施和设备，以及其他信息资源，如网站、期刊和图书等。

（一）历史和文化

了解一项体育运动项目的历史和文化将有助于运动员或学生成为一个能够更多地欣赏它的文化魅力的消费者。例如，在篮球方面，我们可以介绍篮球历史以及这项运动如何与美国文化联系起来，从种族隔离到整合的历史文化的转变都反映在篮球项目文化的变迁之中。比如黑人在 20 世纪初期是被禁止参加白人职业球队的，在 1950 年以前黑人也被禁止参加全国篮球协会比赛。电影《球场雄心》(Hoosiers)、《白人不能跳跃》（White Men Can't Jump)、《阿达球迷闹篮坛》(Celtic Pride)、《手枪：传奇的诞生》（Pistol：The Birth of A Legend）和《空中大灌篮》(Space Jam）等说明了篮球文化是如何影响美国的文化和娱乐的，以及篮球及其超级巨星在美国家庭日常生活中的影响力。

（二）规则和礼仪

体育比赛由比赛规则来统治。对比赛规则的充分理解对教学或训练至关重要。体育运动项目的比赛规则可以规类为两种：主要规则和次要规则。[①] 主要规则决定了一项体育运动项目的本质。例如，篮球之所以是篮球，而不是足球或排球，它是通过入侵对手的球场，用手来运球、传球和投篮从而得分赢得比赛。次要规则是可以修改为根据学生的身心发展规律来满足他们需求的规则。比如，可以改变的篮球比赛的规则包括 3 秒规则、走步、每个球员和球队允许的犯规次数、篮筐高度、球的大小、球场尺寸以及球队中的球员数量。例如，当与 7 岁男孩一起打篮球时，我们可以使用初级国际 5 号篮球而不是官方成人尺寸的篮球。表 2-1 列出了美国俄亥俄州都柏林青少年儿童社区篮球俱乐部一年级和二年级球队所使用的篮球比赛规则。

表 2-1　一、二年级改编后的篮球比赛规则

1. 任何球队在比赛时间仍没有到达场地时，就被取消比赛资格。每个球队必须至少有四名队员才能开始比赛。等迟到的第四名球员一到，比赛就可以立即开始。 2. 教练在每节比赛开始之前有一分钟的时间可根据对方球队的球员来配对自己球队相应的球员。

①Siedentop D. & van der Mars H. Introduction to physical education, fitness, and sport (8th Ed.) [M]. New York, NY: McGraw Hill, 2011.

续表

3. 每场比赛有四节。比赛时间计时不中断。每节比赛之间有一分钟的休息时间。在上半场的最后一分钟和下半场的最后两分钟，在哨声后计时停止。半场三分钟休息时间。两分钟加时赛，计时在最后 30 秒内停止。加时赛后，由罚球来决定胜负，球队以 2 分领先而获胜。在加时赛期间，每个球队有一次暂停机会。在罚球期间，不能暂停或换人。
4. 所有球员每半场必须至少打完整的一节比赛。任何一名球员都不可以比打最少节数的队友多打超过一场的比赛。
5. 对于被罚出比赛的、受伤或生病的球员，随时允许替换。除非在联盟特定规则中指出，否则球员必须打满整节比赛。
6. 在第四节比赛里，球队可以替换队员。前提，上场的队员比被替换的队员能力要低。被替换的队员在本节比赛中，不能再替换其他队员进行比赛。
7. 在加时（overtimes）和绝杀球（sudden death）期间，任何合格的球员都可以开始。加时和绝杀球不计入节数。
8. 每支球队每半场有两次暂停。暂停次数不能累计到下半场或加时赛。
9. 每半场球队第七次犯规，1 加 1 罚球开始。当第十次球队犯规时，执行两次罚球。
10. 除非场地上有三分线正确标记，否则不会采用三分球。
11. 所有球员必须在比赛期间穿着官方绿色和白色双面布料篮球球衣，所有数字都是符合比赛规则的。

体育礼仪指的是社会预期运动员或球迷所要遵守的道德行为准则①。在体育运动比赛中展示礼仪是非常重要的，因为它展示了良好的体育道德精神和对其他球员或球迷的尊重。例如，体育运动中的良好礼仪要求运动员不要与裁判争辩、爆粗口，与其他运动员打架或随地吐痰。所有运动员必须准时到达比赛现场。迟到是粗鲁与糟糕的礼仪表现。良好的礼仪还要求运动员在抵达赛场或比赛结束时与其他运动员问候并握手。输掉比赛的球员甚至可能会为胜利球队喝彩。但是，获奖者不应该为自己鼓掌以显示自负或自大。球员不应该批评其他球员、俱乐部、球场或周围环境（Martin & Chaney，2007）。

体育礼仪也适用于球迷观众。对球迷观众来说，他们应该尊重球员而不是批评运动员、俱乐部、球场或周围环境。他们不应该与对方球队的其他球迷进行争辩、爆粗口甚至打架斗殴。他们不应该向球员或其他球迷投掷东西（Martin & Chaney，2007），不应该破坏比赛。学习正确的礼仪以及比赛规则对运动员和观众来说非常重要，这样可确保体育比赛的公平性并培养尊重意识与良好的体育道德精神。

①Martin J. S. & Chaney L. H. Sports Etiquette. In C. Nickerson（Ed）. Proceedings from the 72nd Annual Convention The Association for Business Communication. [C]. Washington D.C. , 2007.

（三）体育设施与场地、器材与装备和其他资源

我们还需要了解进行一项体育运动项目所需的体育设施与场地、器材与装备和其他资源。例如，在篮球比赛中，我们需要篮球、球门和球场来进行比赛。进行篮球比赛也需要口哨、裁判制服与球队队服、记分牌、电脑等。运动员与学生可以通过多种渠道获得更多的篮球知识、文化和技能。

三、运动技能

技能由技术和战术两个子部分组成，正如 Launder（2001）所说，体育运动中的技能是一种复杂的现象。[①] 它指的是在比赛中有效地执行技术和战术。比赛结果主要取决于球员或学生在比赛里执行技术和战术的能力。要赢得比赛，运动员或学生需要拥有完善的技巧和战术，并能够在比赛中有效地执行它们。与此同时，他们需要在比赛游戏中做出正确的决策。

很多时候，当你看到儿童和青少年进行体育比赛时，他们会做出糟糕的决策，而且很少在进攻或防守时使用任何战术或策略。例如，在足球比赛中，球员或学生都会上去抢球，而不是跑位，来从深度、宽度和支持等方面与自己队友进行战术配合。例如，下面是一个比赛场景，当自己的队友没有防守队员，并有很好的传球路线，一个队员可能错失了一个很好的 2 打 1 战术配合从而成功得分的进攻机会。当球员或学生体育比赛技能不娴熟的时候，教练或教师的职责是通过训练或教学来提高他们的技能能力。球员或学生的技能不熟练的一个原因是教练或教师通常只练或教技术，而不是技能。那就是通过真实的比赛场景来教运动员或学生的比赛能力：如何在比赛中决策？如何在比赛里选择和执行不同的技术和战术配合？另一个原因是教练或教师可能缺乏训练和教学专业知识。他们对一项体育运动项目所涉及的所有技术和战术配合了解不全面，并缺乏涉及科学合理的、循序渐进的技术和战术配合的训练或教学步骤。因此，一项体育运动项目所包含的技术和战术以及循序渐进的科学练习或教学步骤，是一位教练或教师成功进行训练或教学的关键因素。

---

①Launder A. Play practice：The games approach to teaching and coaching sports ［M］. Champion，IL：Human Kinetics，2001.

（一）技术

技术被定义为执行一项任务动作的所有关键组成要素。例如，为了执行篮球胸部传球技术，运动员或学生需要在他或她的身体动作中呈现以下关键要素：脚肩宽度分开、背部挺直、目视目标、双手握住球和手掌打开、拇指指向彼此、球在胸部水平、肘部向上弯曲与向外、膝盖微微弯曲。关键要素还包括向前迈步、向前脚移动重物、向外伸出肘部、从手指释放球、向下转动拇指，以及沿着传球方向跟进。在篮球运动中还包括许多其他技术。比如基本的运动姿势和步法、运球（快速高运球、低运球、后仰运球、交叉运球、腿部运球、反向运球、旋转运球、背后运球）、投篮（擦篮板、跳投、勾手投篮、上篮、反手上篮、后仰跳投、罚球）、接球、传球（弹跳、头顶、胸前传球、单手传球）、篮板球/卡位、盖帽、三重威胁定位、抢断和掩护（第4章详细介绍了如何进行技术动作要素分析）。

（二）战术

战术被定义为运动员在比赛规则容许下，精心策划所使用的决策、战略以及进攻和防守策略以赢得比赛（Launder，2001）。战术主要有两种类型：进攻和防御。其他球类项目还会涉及守门员的一些策略和决策。例如，在篮球中，将球传给他或她的队友之后，进攻球员需要跑空位来支持他或她的队友。篮球进攻战术包括快攻、挡拆、跑空位、掩护、控球权、假动作、传切配合、1对1、2对1、3对1和3对2等。篮球防守战术则主要由区域联防（2-1-2，2-3，1-2-2）和人对人防守组成。

四、渐进式练习步骤

除了能够掌握技术和战术之外，宏观分析的另一个方面是学习如何设计渐进式练习步骤。教师或教练应该能够对一项体育动动项目中的所有任务和子任务进行渐进式练习步骤设计。渐进式练习步骤指的是一系列通过循序渐进、从易到难而设计出来的任务/活动/概念。通过增加复杂性，将学生从不太困难和复杂的任务转移到更困难和更复杂的任务，从而提高学生和运动员的技术、战术和比赛能力。许多因素会对任务复杂性产生影响，包括比赛区域的空间和边界、装备、球员数量、比赛规则、比赛条件、战术和问题、进攻方/防守方比率、目标性质以及技术性质（封闭性与开放性）（第5章将详细讨论这些影响任务复杂性的因素）。

封闭性技术是在相对固定不变的环境中所执行的技术。运动环境条件基本上保持不变。开放性技术是在不断变化的运动环境中所执行的技术。运动环境条件是随时变化的。对于封闭性技术，教师或教练主要专注于完善学生或运动员的关键技术要素，从而提高技术能力。对于开放性技术，教师或教练将花费更少的时间在技术元素上，而要花更多的时间来扩展任务，涵盖在比赛中技术应用的各种情况。例如，在篮球项目运动中，罚球技术主要是属于封闭性技术。提高罚球的命中率主要在于提高罚球的技术质量。运球突破防守队员则是开放性技术。持球队员必须根据防守队员的站位以及能力来决策采用什么运球技术和战术来进行突破。封闭性和开放性技术是可以增加练习的复杂和难易度的一种途径。比如，教师或教练可以采用在15×20区域里进行2（两名进攻球员）打0（没有防守者）的胸前传球练习。传球后，球员需要沿对角线移动到开放角落。这是一项封闭性技术练习，教学重点是执行胸部传球的技术要素和移动到开放空间的战术要素。为了增加难度和复杂程度，教师可以让学生在15×20区域里进行2（球员）对1（一个防御者）的胸部传球练习，其中防守球员进行消极防守（允许跟随进攻球员但不可抢断）。这是一项开放性技术练习。教学重点是如何根据防守队员的站位和跑动以及队友的站位和跑动来进行胸前传球。

如前所述，渐进式练习步骤是一系列从容易与简单逐渐地过渡到复杂与困难的任务练习。这些练习要具有比赛的真实性。通过改变或组合技能中的任务特征，一项运动技能可以设计出无数的练习步骤。表2-2显示了足球控制运球技术的渐进式练习步骤。第一个练习是学生在大场地进行控制运球练习。第二个练习是学生从端线到中线控制运球，防守队员随着运球队员的推进而后退进行消极防守。有防守队员使这个练习不仅具有比赛的真实性，而且迫使运球队员眼睛向前方平视，而不是低头看球。运球时低头看球是学生常犯的一个错误动作。在之后的第三和第四个延伸练习中，让防守队员进入运球队员的运球路线，从而迫使运球队员来改变方向（向内改变方向或向外改变方向：第3或4个练习），这就增加了练习的难度。通过添加转身和多个防守队员但是不允许抢断球，第5个练习就变得更加困难，更具有比赛的真实性。在第6个练习中，可以允许防守者抢断球。对于第7至第18的延伸练习，可以通过增加防守队员的参与度，从而使运球技术变得更加困难，进而提高学生和运动员的运球技能。也通过融合其他足球技术，如运球和射门，来使练习变得更加复杂。通过改变与运球和传球相关的比赛参数，随着融合其他足球技能，渐进式练习步骤可以像滚雪球一样变得“越来越大”。这些渐进式练习步骤可以将学生或球员的技能水平成功地从低水平提高到更高的水平。因为这些练习是根据真实比赛中的场景设计出来的，具有比赛的真实性，进而学生或球员可以在比赛中非常容易地应用它们。

表 2-2　足球控制运球的渐进式练习步骤

1. 学生在大场地进行控制运球练习
2. 1 对 1：学生从端线到中线进行控制运球练习，防守队员随着运球队员的推进而后退进行消极防守
3. 1 对 1：学生从端线到中线进行控制运球练习，防守队员切入运球队员的运球路线，然后后退，迫使运球队员向内来改变运球方向
4. 1 对 1：学生从端线到中线进行控制运球练习，防守队员切入运球队员的运球路线，迫使运球队员向外来改变运球方向。防守队员可以抢断球
5. 在一个大圆圈内，学生采用转身和改变方向来进行运球练习。防守队员进行紧逼防守，但是不抢断球
6. 在一个大圆圈内，学生采用转身和改变方向来进行运球练习。防守队员进行紧逼防守，并可以抢断球
7. 学生用右脚向右方拨球，左脚内侧触球，切入越过一个静止的消极防守队员
8. 学生用右脚向右方拨球，左脚内侧触球，切入越过一个半消极的防守队员。防守队员不可以抢断球
9. 学生用右脚向右方拨球，左脚内侧触球，切入越过一个消极的防守队员。防守队员可以抢断球
10. 学生接到一个传球，然后用右脚向右方拨球，左脚内侧触球，切入越过一个静止的消极防守队员
11. 学生接到一个传球，然后用右脚向右方拨球，左脚内侧触球，切入越过一个半消极的防守队员。防守队员不可以抢断球
12. 学生接到一个传球，然后用右脚向右方拨球，左脚内侧触球，切入越过一个半消极的防守队员。防守队员可以抢断球
13. 学生用右脚向右方拨球，左脚内侧触球，切入越过一个静止的消极防守队员。然后射门得分
14. 学生用右脚向右方拨球，左脚内侧触球，切入越过一个半消极的防守队员。然后射门得分。防守队员不可以抢断球
15. 学生用右脚向右方拨球，左脚内侧触球，切入越过一个积极的防守队员。然后射门得分。防守队员可以抢断球
16. 学生接到一个传球，用右脚向右方拨球，左脚内侧触球，切入越过一个静止的消极防守队员。然后射门得分

续表

17. 学生接到一个传球，用右脚向右方拨球，左脚内侧触球，切入越过一个半消极的防守队员。然后射门得分。防守队员不可以抢断球
18. 学生接到一个传球，用右脚向右方拨球，左脚内侧触球，切入越过一个积极的防守队员。然后射门得分。防守队员可以抢断球

五、社会心理与情感概念

为使体育比赛能够顺利进行，个人必须了解比赛规则，拥有有效的技术和战术，以及具有优良的体能素质。此外，学生或运动员还要具备良好的社会心理与情感属性：（1）具有团队精神，能够与他人合作；（2）具有自信、毅力、纪律、动力和自我管理能力；（3）承担个人和社会责任。许多现实生活的例子证明了一个球队要想取得团体项目比赛的胜利，就必须团结合作。无论我们是进行娱乐性、大学生联赛还是职业比赛，一两个球员都无法独自赢得比赛。比赛的胜利需要整个球队的努力。一个球队赢得总冠军是每个球员所付出的努力和贡献所决定的。自信、毅力、纪律、动力、责任和自我管理技能对于一个人在体育和日常生活中取得成功也至关重要。

在进行体育项目教学或训练的时候，教师或教练必须了解这些关键的社会心理和情感属性，并有意识地将其灌输给他或她的球员。许多拓展教育所采用的身体活动可以用来培养学生或运动员的团结合作、责任心、遵守规则、坚持不懈、刻苦和自我管理等社会心理和情感能力。比如，为增强球员的自信心和毅力，教师或教练可以强调付出努力对成功的决定性作用，培养一个强调个人学习和掌握任务、个人提高技能的学习环境，而不是一名技能最优秀的学生或运动员。也可以教授如何来制定和实施 SMART 目标（Locke & Latham，1990），① 让球员专注于体育运动，享受乐趣，创造成功的比赛经验。

设定 SMART 目标（Locke & Latham，1990）。“S” 代表 “特定具体的（specific）”。特定具体的目标确切地说明我们想要发生什么，我们将要做什么，为什么它对我们重要，以及我们将如何去做。“M” 代表 “可测量的”。可测量的目标指我们可以看到和衡量我们所想实现的目标。“A” 代表 “可实现的”。它是指

①Locke E. A. & Latham G. P. A theory of goal setting and task performance ［M］. Englewood Cliffs，NJ：Prentice Hall，1990.

在我们的能力范围内，目标可实现。“R”代表“现实”。它是指对我们来说可行的目标。最后，“T”代表“及时”。及时的目标指的是在指定时间范围内完成任务。例如，为了获得更好的体质，我将每周至少跑 5 次，每次跑 3 英里。到 12 周结束时，我将能够在 28 分钟内跑 3 英里。

为了系统地培养纪律、责任和自我管理技能，教师或教练可以使用侧重于培养学生或运动员品质行为的课程/教学模式来进行教学和训练。比如运动教育课程模式、拓展教育课程模式、个人和社会责任感课程模式、团体合作学习教学模式等。(对于这些课程或教学模式的详细介绍请见李卫东等作者出版的《体育课程教学模式》一书）教师或教练也可以使用这些课程或教学模式中的一些教学策略，赋予学生或运动员主体地位以及责任义务，为学生或运动员提供自我选择和决定、自我管理和领导的机会，以及协助设定 SMART 目标。

第二节　运动项目分析的步骤

整个运动项目分析过程分为 8 个步骤。步骤 2 到 8 的顺序未锁定。您可以按任何顺序进行，最后将它们全部组合一起，再继续执行步骤 8。

一、第 1 步：收集信息

第 1 步是收集与您将教授或训练的体育运动项目相关的所有信息。这些信息可以是历史、技术、战术、比赛规则、设施、练习等。您可以从书籍、网站、运动训练或体育教育期刊，或该领域的教练/大学课程中找到所需的信息资源。您可以在互联网上搜索到关于这项运动项目的许多知识和信息。但请记住，您需要仔细鉴别所找到的知识和信息，将准确的与错误的知识和信息区分开。不要随意使用任何从网站上搜索到的信息，因为有些知识和信息是错误的。

可使用三个标准来判断网站上的内容质量：首先，检查托管提供在线网站资料的组织的可信度。该组织是否已获得国家协会的认可？如果通过认证，您通常可以信赖所提供内容的质量。其次，检查网站上提供材料的作者的认证信息。他们是否有任何体育教学或运动训练的证书或学位？他们有什么样的运动经历？作者有没有体育教学或训练的专业背景？一般而言，具有体育教学或运动训练证书或学位的作者，有大量的竞技体育运动经验，以及大量的教练或教学经验，将比没有这种背景的人更可靠，内容质量更高。最后，检查内容本身的质量。如果在线资料提供说明，它们是否清晰明确？是否缺少任何步骤？它们是否以图纸、照片或视频的形式提供任何演示？作者是否提供了一系列技能发展的渐进式练习？通常来讲，对比不包含这些信息的网络资料，包含此类信息的网络资料质量要更高，更值得信赖。

收集完所有信息后，下一步就是组织和综合知识和信息，以便进行教学或运动训练准备。

二、第 2 步：确定体育运动项目的历史和文化的关键点

在此步骤中，您将查看有关您收集的该运动项目的历史和文化的知识和信息，并确定哪些内容将传授给您的学生或球员。以篮球为例，您可以讨论詹姆斯·奈史密斯发明篮球的时间和地点、篮球比赛自 1891 年以来的演变，以及篮球比赛如何影响美国文化和美国家庭的日常生活。您还可以如本章前面所述，使用电影来展示从种族隔离到整合的社会文化变更。

三、第 3 步：制定热身、降温和伸展运动

正如我们之前讨论的那样，对于学生或运动员来说，在体育运动之前进行热身和在运动后进行降温是非常重要的。在运动前后进行伸展运动也有助于防止受伤，并提高灵活性，以获得更好的比赛成绩和体能。以足球为例，运动员可以慢跑几圈进行热身，然后使用静态和动态伸展来活动手臂、颈部、肩部、背部、腿部、膝盖和脚踝。在结束一般的热身和伸展运动之后，运动员可以进行垫球、头球、运球、传球和射球等特定的热身练习。踢完足球后，球员或学生可以通过步行几圈来降温，让他们的心率逐渐减速，然后做更多的一般伸展运动来提高灵活性。

四、第 4 步：制定主要的体能训练内容

体能训练（physical conditioning）不仅能预防伤害而且能提高学生或运动员

的运动成绩。例如，为了在篮球和足球比赛中取得优异的成绩，运动员需要具有优秀的心血管功能、肌肉力量和耐力以及灵活性。作为体育教师或教练，需要具有体能训练方面的知识和技能，为学生或运动员设计体能训练，以改善他们的身体体能素质。在本章中，我们将提供一个概述，但不会详细讨论如何制定体能训练内容，因为有很多关于这个主题的出版书籍。请参阅附录中有关此主题的建议读物。

为了制定体能训练内容，体育教师和教练必须知道 FITT 公式（频率、强度、时间和类型，表 2-3）和基本训练原则（Corbin & Lindsey，1996；Siedentop & van der Mars，2011）。基本训练原则包括渐进式超负荷（progressive overload）、具体性（specificity）、可逆性（reversibility）、恢复时间（recovery time）和个体性（individuality）。

（一）FITT 公式

表 2-3　FITT 公式

术语	定　义
频率	一个人每周锻炼多少次？
强度	一个人在锻炼时的运动强度是多少？
时间	一个人在每个锻炼期间应该锻炼多长时间？
类型	一个人应该进行哪些类型的练习？

（二）基本训练原则

1. 渐进式超负荷

逐渐增加身体可承受的运动强度。例如，为了提高肌肉力量，必须使用比平时肌肉所能承受的更多的负荷。运动负荷必须逐渐增加。但是如果在短时间内做太多或增加太多的运动负荷会导致受伤。

2. 具体性

训练内容和方法的选取应该与所达到的训练目的直接相关。例如，如果训练目标是提高你的有氧能力，你必须采用跑步或游泳运动项目，而不是做俯卧撑或仰卧起坐。

3. 可逆性

如果你不使用它，你将失去它。如果你不通过运动来维持或改善它们，身体肌肉功能就会减少，同时器官功能也会下降。如果你每周有规律地举重两次，若几周不进行举重训练，你的肌肉就会失去力量和耐力。

4. 恢复时间

运动后，让身体休息和恢复。如果身体没有时间休息和恢复，这可能导致过度使用身体肌肉、关节、韧带和肌腱。随着时间的推移，过度使用会导致一些伤害。

5. 个体性

每个人都具有不同的个性和身体能力及技能。因此，训练计划需要考虑个人不同的锻炼爱好以及身体对训练的不同反应。在设计体能训练时，你需要根据学生或球员的兴趣以及他们现有的身体条件来选择锻炼项目、内容、方法和运动负荷。你还应该向学生和运动员强调他们的身体对训练的反应不同于他们同龄人的身体，因此他们应该专注于自己的训练，专注于个人进步，而不是将自己与他人比较。如果他们专注于与他人比较，他们可能会使自己面临受伤的风险。

如上所述，体能训练的一个目标应该是提高身体的灵活性。回想一下，做伸展运动的目的是提高肌肉、关节、肌腱和韧带的灵活性。通过将 FITT 公式和基本训练原则应用于伸展运动，灵活性训练计划可以指定个人每周 7 天在运动前后进行伸展运动。每种拉伸应至少进行两次，每次拉伸应保持 10~15 秒。拉伸时应该产生其中轻微的肌肉不适，并从最小的施加阻力进展到更多的施加阻力以提高柔韧性。随着训练的继续，可以使用渐进超负荷原则逐渐增加拉伸的数量和施加的阻力。

体能训练的第二个目标是增加肌肉力量和耐力。这个目的可以通过举重练习来达到。肌肉力量被定义为肌肉对抗阻力产生的最大力。一次重复最大值（one repetition maximum：1rm）通常用于测量肌肉力量。对于一项举重练习，首先可以进行 6~12 次重复动作练习的安全重量，然后使用该公式来计算 1RM = [（练习重复次数×0.3）+ 1] ×练习所举的重量。肌肉耐力是指人体肌肉长时间进行持续性工作的能力。通常建议采用卷腹运动和俯卧撑来测量腹部肌肉和上半身的耐力。

举重力量训练计划应包括计划目标（goals）、每次练习的阻力（resistance

per lift)、每组重复次数（repetitions per set）、每次训练的组数（set）和每周的训练次数。体育教师和教练根据练习的计划目标以及学生或球员的身体现状来决定这些力量训练因素。使用 FITT 公式，初学者的力量训练计划应该是：每周进行 2~3 次力量训练，强度为一次重复最大值的 60%~70%，每次训练 2 组，每组重复 10~15 次，两组之间休息 1~2 分钟。对于一般训练，个体可以每周进行 2~3 次举重，强度为一次重复最大值的 60%~80%，每组重复次数为 8~12 次，组间休息 2~3 分钟。对于高级训练，个人每周可以进行 4~6 次举重，强度为一次重复最大值的 70%~100%，每组重复 1~12 次。在这个级别上，两组之间至少休息 3 分钟（Hopson，Donatelle &Littrell，2012）。每次力量训练可以做 2~5 组。经过一段时间训练以后，肌肉开始适应训练强度。然后你应该应用渐进超负荷原则，通过增加每次升力的阻力、每组的重复次数或每次训练的组数来继续增加肌肉力量和耐力。

体能训练的第三个目标是提高心血管功能。体能训练计划经常使用跑步、慢跑、参加某些体育运动项目以及进行某些健身活动来实现这一目标。心血管功能被定义为心脏、肺和器官向身体肌肉和组织供氧的能力，以及适应和持续身体活动恢复的能力。应用 FITT 公式，一项提高初学者心血管功能的训练计划可以包括这些内容：每周锻炼 3 次，每次至少 30 分钟，运动强度应该为最大心率的 50%~69%（运动时可达到的最高心率，通常用公式“最大 HR = 220-年龄”来进行估算）。对于中级运动水平的学生或运动员，他们应该每周 3~5 次，每次锻炼 40~60 分钟，强度为最大心率的 60%~75%。对于高级运动水平的学生或运动员，他们应该每周练习 5~6 次，每次锻炼 60~120 分钟，强度为最大心率的65%~90%。

五、第 5 步：确定比赛规则

比赛规则必须适合学习者的年龄。例如，在对儿童和青少年进行篮球教学和训练时，必须修改官方的 NBA 或大学篮球比赛规则，以适应他们身体发展规律的需求。很多时候，作为体育教师或教练，您不需要自己来修改与制定儿童和青少年比赛规则，因为社区中的许多青少年联盟可能已经将常规成人比赛规则修改为适合儿童发展的规则。例如，在俄亥俄州，都柏林青少年体育运动联盟已经针对不同年级制定了不同的篮球规则（都柏林青少年体育运动联盟，2018）。3 到 4 年级男女生比赛规则、5 年级男女生比赛规则，以及 6 到 12 年级男女生比赛规则，请参见表 2-4。作为体育教师或教练，您可以在教学或训练中直接采用或针对您所教学或训练的儿童和青少年进行一些调整。

表 2-4 俄亥俄州都柏林青少年篮球比赛规则

通用规则	1. 任何球队在比赛时间仍没有到达场地时，就被取消比赛资格。每个球队必须至少有四名队员才能开始比赛。等迟到的第四名球员一到，比赛就可以立即开始 2. 在比赛中，可以随时对罚出、受伤和生病的队员进行替换。否则，上场队员必须打完规定的比赛 3. 在加时（overtimes）和绝杀球（sudden death）期间，任何合格的球员都可以上场比赛。加时和绝杀球不计入该队员的比赛节数 4. 每支球队每半场有两次暂停。暂停次数不能累计到下半场或加时赛 5. 每半场球队第七次犯规，1 加 1 罚球开始。当第十次球队犯规时，执行两次罚球 6. 除非场地上有三分线正确标记，否则不会采用三分球 7. 所有球员必须在比赛期间穿着官方绿色和白色双面布料篮球球衣，所有数字都是符合比赛规则的
3、4 年级男女生	1. 教练在每节比赛开始之前有一分钟的时间可根据对方球队的球员来配对自己球队相应的球员 2. 每场比赛有四节。比赛时间计时不中断。每节比赛之间有一分钟的休息时间。在下半场的最后两分钟，在哨声后计时停止。半场三分钟休息时间。两分钟加时赛，计时在最后 30 秒内，采用间断计时。加时赛后，由罚球来决定胜负，球队以 2 分领先而获胜。在加时赛期间，每个球队有一次暂停机会。在罚球期间，没有暂停或换人 3. 所有球员每半场必须至少打完整的一节比赛。任何一名球员都不可以比打最少节数的队友多打超过一场的比赛 4. 3 年级，两个队所有的出场队员在比赛前，进行一次罚球和跳投投篮，每投中一次得一分。4 年级，两个队所有的队员在比赛前，进行一次罚球和三步上篮，每投中一次得一分。分数计入比赛分 5. 每节比赛时间是 8 分钟 6. 除了 4 年级的男子篮球罚球线是 12 英尺以外，罚球线是 9 英尺 7. 禁止区域联防，必须采用个人对个人防守。当进攻队员进入三分弧顶线以及延伸领域内后，防守队员才可以进行防守。如果进攻队员持球，持久不进入三分弧顶线以及延伸领域内，防守队员可以上前在区域外进行防守。一旦进攻队员进入三分弧顶线以及延伸领域内后，防守队员必须在离进攻队员 5 英尺外进行防守。在弧线外，不可以夹击。如果进攻队员在弧线内，防守队员可以夹击 8. 防守可以换防来帮助被掩护的队友。比赛中，后场不可以防守或采用紧逼战术。不可以采用 four corner of “clear-out” 进攻战术 9. 禁区 5 秒违例 10. 比赛最后 30 秒，在暂停后，前场发球后才开始计时 11. 除了 3 年级的女子篮圈高 8 英尺外，其他是 10 英尺高

续表

5年级男女生	1. 两个队所有的出场队员在比赛前，进行一次罚球投篮，投中得一分。分数计入比赛分。不管队员人数，每个队员只有一次罚球投篮 2. 每场比赛有两节。每节比赛20分钟。替换在第一节比赛接近5分钟时可以进行。之后每隔5分钟可以进行队员替换。任何队员不可以休息超过5分钟。每个队员每半场需要休息至少5分钟。除非这个队只有6名队员参赛。在这种情况下，有些队员可能每场没有5分钟休息时间。裁判可以自己根据情况来决定。可以停止计时来进行替换 3. 罚球线是12英尺 4. 禁止区域联防，必须采用个人对个人防守。当进攻队员进入三分弧顶线以及延伸领域内后，防守队员才可以进行防守。如果进攻队员持球，持久不进入三分弧顶线以及延伸领域内，防守队员可以上前在区域外进行防守。一旦进攻队员进入三分弧顶线以及延伸领域内后，防守队员必须在离进攻队员5英尺外进行防守。在弧线外，不可以夹击。如果进攻队员在弧线内，防守队员可以夹击 5. 比赛最后30秒，在暂停后，前场发球后才开始计时
6~12年级男女生	1. 每场比赛有两节。每节比赛20分钟。替换在第一节比赛接近5分钟时可以进行。之后每隔5分钟可以进行队员替换。任何队员不可以休息超过5分钟。每个队员每半场需要休息至少5分钟。除非这个队只有6名队员参赛。在这种情况下，有些队员可能每场没有5分钟休息时间。裁判可以自己根据情况来决定。可以停止计时来进行替换 2. 前场和后场防守没有任何限制。但是，6年级男子比赛，在领先15分以后，不可以使用后场防守。除非领先低于10分，该队才可以使用后场防守 3. 任何比赛，当一个队领先20分，最后2分钟，持续计时直到比赛结束，不中断 4. 对于巡回赛（Tournament Games），如果在加时赛后，比分仍然相同。不采用绝杀球（sudden death），采用另外2分钟的加时赛（overtimes）来决定胜负。每个队在加时赛期间只有一次暂停机会

（引自都柏林青少年体育运动联盟网站，2018，https://siplay-website-content-user.s3.amazonaws.com/Portal/1750/Content/Documents/DYA%20Basketball%20Rules%202018.pdf）

六、第6步：组建技能和渐进式练习知识库

体育教师或教练必须掌握技术、战术和渐进式练习等方面的专业知识，才能有效地进行教学或训练。在俄亥俄州立大学，我们将这些技术、战术和渐进式练习所组成的内容称为知识库。一名优秀的体育老师或教练必须像了解他们的手一样知道这些技术、战术和渐进式练习，这是对运动项目进行分析的最重要步骤。建立一项运动项目的技能和渐进式练习知识库的过程非常耗时。然而，它是一个值得和具有重要意义的过程，因为它为有效的体育教学或训练奠定了基础。首

先，作为体育教师或教练，需要识别和分类与将教授或训练的运动相关的所有运动技能（技术和战术）。由于已经在步骤 1 中收集了所有的信息和知识，因此可以根据技术和战术的类型将它们分组到不同的类别。然后，需要设计一系列旨在提高运动技能的渐进式练习。通过这些循序渐进的练习来提高学生或球员的技能能力，从而能够在比赛中获胜。在第 5 章中，我们将详细地讨论如何设计渐进式练习。图 2–1 提供了一个模板，可用于指导顺畅进行运动技能分析。

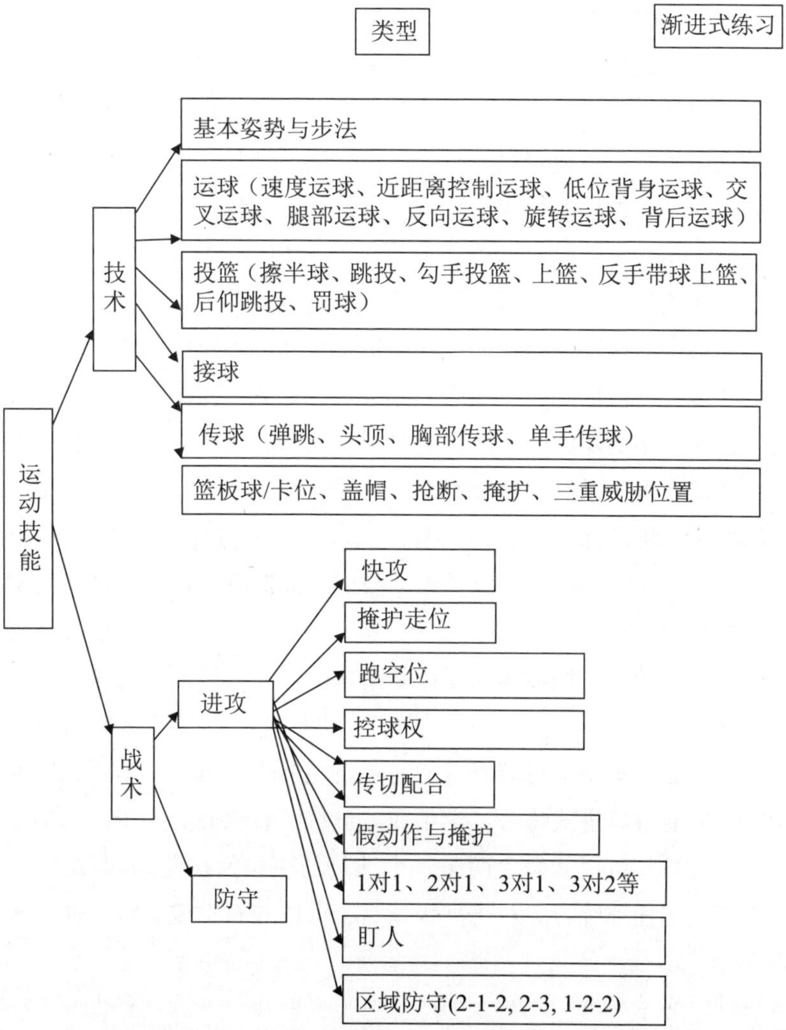

图 2–1　篮球运动技能的任务分析

七、第7步：选择适合学生或运动员身心发展的技能和渐进式练习

每个学生或球员都具有不同的技能和能力水平。他们的技能和能力提高速度也具有差异性。在对儿童和青少年进行教学或训练的时候，体育教师或教练必须根据学生或运动员的技能和能力水平选择适合个人身心发展条件的技能和渐进式练习，以便他们能够成功地提高技能和能力水平。通过第6个步骤，您已经开发了一套知识库，其中包含您教授或训练该运动项目所需的所有技术、战术和渐进式练习。以厨师烹饪作为比喻，第6个步骤为您提供了作为厨师为顾客烹饪食物所需的所有原材料和配料。现在，在步骤7中，您需要根据顾客的口味和喜好来选择烹饪餐点所需的原材料和配料。将这个比喻用于教学或训练中来，您需要从整个知识库中有针对性地为特定年龄或级别的学生或球员选择适当的技能和渐进式练习。您为5岁儿童教学或训练所使用的技能和渐进式练习与15岁青少年是完全不同的。即使是同龄的儿童和青少年，他们也会有不同的技能组合、特点和兴趣，并会以不同的速度学习和成长。如果练习任务太简单，它们将无法帮助学生或球员成功地提高他们的技能能力。如果练习任务太困难，学生或球员往往不会有成功的经历。不成功的经历通常会对学生或球员的情绪产生负面影响，最终会对他们的技能学习效果产生负面影响。

如何为学生或球员选择适合他们身体发展条件的技能和渐进式练习？首先，需要对学生或球员在将教授或训练的运动技能方面进行预评估。评估应涵盖运动中的基本技能和战术决策。表2-5显示了同场对抗类运动项目（Invasion Game）的比赛能力评估。同场对抗类运动项目是指球队需要入侵对手的领域以获得比赛得分的运动项目，如篮球、足球和曲棍球等。[①][②] 这些初步评估数据可以让您了解学生或运动员对该运动项目所具有的初步技能能力。对于初学者，应从简单的技能开始，然后通过渐进式练习，学生或球员将随着他们的进步而转向更难的技能。对于中级球员，可以从包含两至三个球员的更难的技能和渐进式练习开始，然后转向更复杂的任务练习。对于高级球员，可以在教学或训练中使用涉及更多

---

①Chen W., Hendricks K. & Zhu W. Development and Validation of the Basketball Offensive Game Performance Instrument [J]. Journal of Teaching in Physical Education, 2013, 32 (1): 100-109.

②Oslin J. L., Mitchell S. A. & Griffin L. L. The Game Performance Assessment Instrument (GPAI): Development and Preliminary Validation [J]. Journal of Teaching in Physical Education, 1998, 17 (2): 231-243.

球员与战术和技术的比赛场景配合（situated set Play）来进行教学或训练。比赛场景配合是一套预定的计划或方案，其中球员有自己特定的职责和分工，站特定的位置，跑特定的路线以创造进攻机会从而得分或防止对方进攻得分的机会（Li Xie & Li，2018）。[①] 一开始，在尝试为学生或球员选择适当的技能和渐进式练习时，可能会犯很多错误。不要被这些错误所吓倒。如果选择的技能和渐进式练习太容易，不要浪费过多时间，及时进行下一个更适合学生或球员的练习等级。如果技能和渐进式练习太难了，那么就需要及时降低一些难度。成功地为教授或训练的学生或球员选择适合他们身体发展条件的技能和渐进式练习是提高反复教学和经验积累的结果。

表 2-5　比赛能力评估表

比赛能力因素/等级		优秀	良好	需要改进
技术能力	传接球			
	运球和控制球			
	投篮			
判断和决策能力（decision making）				
空位移动和创建运球线路 （move to an open space and create a passing lane）				
站位盯人（cover）				
掩护和支持（support）				
紧逼（mark and Pressure）				

八、第 8 步：选择哪些社会心理与情感概念教育

体育教师或教练在教学或训练过程中可以灌输许多社会心理与情感概念。这些社会心理与情感概念属性可以包括责任心、拼搏精神、团体合作、刻苦努力、关心和帮助他人、挑战自己、领导能力与作风、尊重他人等。根据自己所教授或训练的运动项目类型，一名体育教师或教练需要确定所要强调的具体社会心理与情感属

①Li W. Xie X. & Li H. Situated game teaching through set plays：A curricular model to teaching sports in physical education［J］. Journal of Teaching in Physical Education，2018，37：352-362.

性，以及可以使用哪些有用的教学或训练策略和活动来有效发展。例如，可以通过让学生承担不同的角色与分工（如队长、器材管理人员或领队进行热身、冷静或拉伸运动等）来培养学生或队员的领导力。可以通过使用良好行为分工来塑造学生或运动员的团体合作精神和能力。同时培养学生或球员在团队中的责任意识。

［示例］良好行为积分系统。所有团队都以零分开始。团队将在下面列出的三种行为类别中获得积分。每天最多可以获得9分。体育教师或教练还可以为特殊行为和重大改进奖励额外积分。良好的行为积分系统对学生或运动员之间建立良好的关系非常有效。

第一，具有团队合作精神并遵循指定角色与分工职责（3分）

第二，尊重球员，教师或教练以及仪器装备（3分）

第三，帮助和照顾其他队友（3分）

参考文献

［1］Chen W. Hendricks K. & Zhu W. Development and Validation of the Basketball Offensive Game Performance Instrument［J］. Journal of Teaching in Physical Education, 2013, 32: 100-109.

［2］Corbin C. B. & Lindsey R. Fitness for Life (5th ed.)［M］. Champion, IL: Human Kinetics, 2006.

［3］Hopson J., Donatelle R. J. & Littrell T. Get Fit, Stay Well (Ed. 2)［M］. San Francisco, California: Benjamin Cummings, 2012.

［4］Launder A. Play practice: The games approach to teaching and coaching sports［M］. Champion, IL: Human Kinetics. 2001.

［5］Li W. Xie X. & Li H. Situated game teaching through set plays: A curricular model to teaching sports in physical education［J］. Journal of Teaching in Physical Education, 2018, 37: 352-362.

［6］Locke E. A. & Latham G. P. A theory of goal setting and task performance［M］. Englewood Cliffs, NJ: Prentice Hall, 1990.

［7］Oslin J. L., Mitchell S. A. & Griffin L. L. The game performance assessment instrument (GPAI): Development and preliminary validation［J］. Journal of Teaching in Physical Education, 1998, 17: 231 - 243.

［8］Siedentop D. & van der Mars H. Introduction to physical education, fitness, and sport (8th Ed.)［M］. New York, NY: McGraw Hill, 2011.

第三章 CHAPTER 03 运动技术动作分析

本章将对运动技术动作分析以及动作要点进行定义，将学习技术动作分析模型以及四个组成部分，掌握如何运用技术动作分析模型来进行技术动作分析以及一些技巧。

第一节　运动技术的定义及构成要素

一、运动技术概述

（一）运动技术释义

运动技术即完成体育动作的方法，指符合人体运动科学原理，能充分发挥学生身体潜在能力，有效地完成体育动作的合理方法。如篮球运动中的传球、接球、运球、投篮；技巧项目中的滚翻、倒立、手翻和空翻等。① 运动技术是学生技术能力水平的重要决定因素。参加不同体育项目的活动，需完成不同的动作，即需要学习和掌握不同的技术。合理、正确的运动技术须符合项目运动规则的要求，有利于学生的生理、心理能力得到充分的发挥，有助于学生取得好的技术动作效果。

各个运动项目的各种动作，都有着符合人体运动力学基本原理的标准技术及规范的技术要求；但对每名学生来说，又必须依据个体的生理学特点，选择和掌握具有个人特征的运动技术，才能更为有效地参与体育运动和比赛。

①常政，吕千飞．百科全书［M］．北京：知识出版社，1980.

（二）运动技术的构成

1. 动作要素

体育动作要素是指构成技术动作不可缺少的各个要素，它包括身体姿势、动作轨迹、动作时间、动作速度、动作速率、动作力量和动作节奏等。任何体育动作都会包含这些动作要素，只是表现的形式和程度各有不同，从而形成了各自的技术特征和运动形式，也产生了对人体的不同影响与作用。各个动作要素是相互密切关联的，同寓于某一动作之中，某一要素的改变会引起其他要素的改变。因而在技术训练时，要全面地分析，并抓住主要要素，攻克技术难点。

（1）身体姿势

身体姿势是指身体及身体各个部分在整个动作完成过程中所处的状态。一个完整的动作过程可以分为开始姿势、动作过程姿势和结束姿势三种。

开始姿势是指运动前身体及身体各部分所处的准备状态，要为后续动作创造有利条件。开始姿势有静力性姿势，如径赛的起跑姿势、足球守门员的等球姿势；有动力性姿势，如推铅球的滑步、掷标枪或跳高的助跑。开始姿势完整的好处在于使运动员在动作开始阶段身体处在最佳有利位置，在完成动作前的注意力高度集中。

运动过程姿势是指身体或身体各部分在完成动作时所处的状态。动作过程姿势大部分处于复杂多变之中，但有些是周而复始的，可分为相对静止的、比较稳定的身体姿势和不断变化的身体姿势。在周期性运动项目中，前者表现得较为明显，如速滑运动中的身体姿势、游泳的水平姿势、自行车运动中的低骑姿势，采用这种姿势可以减少外界阻力；跑步中要求身体保持正直姿势，以获得最大的蹬地反作用力。非周期性项目的运动过程中，身体姿势较为复杂，如撑竿跳高的踏跳、支撑引体、倒立转体、过杆落地等。这些运动是不断变化的身体姿势，是为提高运动质量服务的。

结束姿势是动作结束时，身体或身体各部分所处的状态。在连续动作中，前一动作的结束姿势也是后一动作的开始姿势，直接影响下一个动作的顺利进行。良好的结束姿势可以维护身体平衡稳定，防止犯规和受伤，提高动作质量效果。

（2）动作轨迹

动作轨迹指在做动作时，身体或身体某部分所移动的路线。包括轨迹形态

（直线、曲线、弧线等）、轨迹方向（前后、左右、上下六个基本方向及各种旋转与环绕等）和轨迹幅度（长度、角度）。

运动轨迹方向指身体或身体某一部分在完成运动动作时所形成的移动方向。可以从身体的矢状面、额状面、垂直面三个平面及上下、左右、前后六个方向对运动轨迹方向进行明确规定。运动轨迹方向准确与否，对运动成绩有直接影响，尤其是铅球、标枪等项目。

运动轨迹形态主要有直线与曲线两种。直线运动方向是恒定的，身体或身体的某一部分是沿直线进行运动。例如，沿直线跑、击剑的直刺和武术的冲拳动作等。另外，我们把某一部分动作，只指出起点和终点，没有指出另外方向的中间点的运动，也称直线运动，例如，两臂前平举、脚向上踢等。曲线运动的方向是不断变化的，身体或身体的某一部分是沿着弧线运动的。在很多情况下，曲线运动呈现形态是以轴为中心的旋转。有些以整个身体为轴，如俯卧式跳高、向前或向后的空翻；有些是以身体的某一部分为轴，如手臂和腿的旋转练习是以肩关节和髋关节为轴转动的。曲线运动的另一种形态是抛物线，抛物线有方向、长度、形状三个基本因素。不同练习的抛物线，对三个练习的要求也不同，如跳高、跳远和跨栏三种练习的抛物线在方向、长度、形状三个方面各有特点。

运动轨迹幅度指运动动作范围大小，是以角度来衡量的。身体某一部分的活动幅度是以整个身体和活动部分所成的角度表示，幅度亦可用厘米和尺度来表示，如步幅的大小可用尺度表明。身体各部分运动的幅度取决于关节、韧带以及肌肉的灵活性和弹性，不同的练习对幅度有不同要求，只有按身体练习相应的幅度才是最有效的，如跑的步幅过大会影响速度，标枪出手前则要求身体和手臂有较大的幅度。

（3）动作时间

动作时间是指完成动作所需要的时间，包括完成动作的总时间（完成动作所需的全部时间）和各个部分的操作时间（完成动作的某一环节所需时间）。

动作总时间。有些运动项目是以延续的时间长短来确定成绩，动作延续时间越短，成绩越好。有些运动项目虽不以时间确定成绩，但在动作技术相同情况下，完成练习的时间对成绩起决定作用。如投掷项目，以缩短时间、增加速度来取得投掷效果。动作总时间的长短与动作各部分时间有直接关系。因此，在调整总时间时，通常以改变部分动作的时间为前提。

（4）动作速度

动作速度是指在单位时间里身体或身体某一部分移动快慢的程度。速度在完成动作技术中有很重要的作用。首先，速度是完成各种动作的重要条件，各种动作都有各自的速度要求，有的练习要求慢速，有的练习要求中速，有的练习要求快速。如一些柔韧性动作，一般要求慢速或中速去完成，这样才能表现出动作的效果。而跳跃的踏跳、投掷的旋转或滑步则要求快速，动作效果往往取决于快速的程度。其次，速度的改变是改变练习强度及对有机体负荷的重要因素。动作速度的影响因素主要取决于中枢神经系统的功能、引起该部位运动的肌肉力量大小，以及技术动作的合理性。

动作速度的主要训练方法如下。

1. 助力或减阻练习法

一是训练中给运动员以助力，帮助其快速完成动作的训练方法。如体操选手在教练员帮助下做快速的摆腿振浪练习；铅球运动员在最后用力的瞬间，在其投掷臂肩后给予助力等。二是训练中减轻外界阻力（负重重量）的训练法。如投掷运动员用轻器械投掷，以体会更快的动作速度的感觉。

2. 预先加难练习

加大难度、加大阻力进行练习后，突然将阻力或将难度恢复到正常水平，利用前面练习对神经系统及运动系统的较高要求，而形成后续作用（痕迹作用），来有效提高动作速度。如跳高选手腿缚沙袋做摆腿练习，除去沙袋后，接着再做相同练习，以提高起跳瞬间摆动腿的速度。

3. 变换训练法

缩小完成练习的空间时间界限的练习法。常常通过小场地的练习，限制活动时间和范围，进而达到提高运动员完成动作速度的目的，如5人制的室内足球比赛、3人制的篮球赛等。

4. 速度变换训练法

通过主动地对动作速度的有效控制来提高运动员动作速度的感知能力，进而提高运动员的动作速度。如在技能主导类表现难美性项群的练习中，单个或几个最高速度的动作与整套动作之间适合速度比例的训练，要求既要发挥某个或某几个动作的最高速度，又要重视动作与整体的速度配合节奏。

（5）动作速率

动作速率是指在单位时间内同一动作的重复次数，它是移动速度的重要条件。在幅度不变的情况下，动作速率越大，速度就越快。一切周期性运动，其步幅、划幅的大小和动作速率对速度起决定作用，如跑、游泳、划船等运动项目。一般情况下，动作的速率越大，动作难度系数越高。

（6）动作力量

动作力量是指在完成动作时，身体或身体某一部分克服阻力所用力的大小，是人体内力和外力相互作用的结果。人体内部各部分相互作用的力称为人体内力。例如，肌肉力、韧带张力、骨的应力等都用于人体的内力。其中，肌肉力是人体内力中的主动力，施于骨上的肌张力，它保持人体的一定姿势，控制着运动，改变人体同外界（支撑物、器械等）的相互作用。肌肉做功是通过它收缩而产生的拉力来完成，没有肌肉做功，人体就不能进行运动。通常把外界对人体的作用力叫作人体的外力，人体外力主要有人体重力、支撑反作用力、摩擦力及外界环境阻力等。内力直接决定了人体各环节的运动，而外力使人体产生整体运动。当人体腾空时，总重心只在重力作用下运动，人体内力虽然可以引起身体各环节的运动，做出各种腾空姿势，但不能改变身体总重心的运动轨迹。

（7）动作节奏

动作节奏是指在完成动作时，用力的大小、时间间隔的长短、运动幅度的大小等因素的有机配合。周期性运动的动作节奏表现得较为明显，如游泳过程中，手部动作、腿部动作和呼吸三者之间的节奏关系。一些非周期性的活动中，动作也能表现出一定的节奏，如跳高项目中助跑的后三步等。合理的运动节奏对完成运动动作具有十分重要的意义，这可以从以下三个方面进行解释。首先，按照一定的节奏完成的动作，能够使人体各运动器官和内脏器官之间工作协调一致，能够使身体各个部分肌肉紧张与放松、工作与休息之间得到合理的交替，使动作更加协调、省力。其次，合理的运动节奏有助于正确掌握动作，提高该运动动作的质量，使该动作更加规范、协调。最后，在集体表演运动项目中，按照一定的节奏便于指挥和协调队伍，使整个队伍更加整齐，动作富有美感。

2. 技术结构

技术结构包括动作基本结构和运动技术组合两层含义。

（1）动作基本结构，由动作基本环节和环节之间的顺序构成，亦可称为技术的微观结构。

每一项技术动作的基本结构都包括若干个基本环节。如跳远技术动作由站立姿势、助跑、踏跳、腾空、落地和缓冲6个基本环节组成。这些基本环节按特定的、一般不能予以改变的顺序形成动作的基本结构。因而，动作基本结构可称为“技术链”，而动作基本环节则可视为“技术链”上的各个点，“顺序”则成为联结各个点的连线。改善动作基本结构可从改善动作基本环节、改善环节间顺序两个方面进行。

技术动作的基本结构可分为三个阶段：准备阶段、执行阶段和结束与跟进阶段。每个技术动作阶段都包括动作基本环节以及具体的动作要领。技术动作要领是对技术动作基本环节的具体的操作性要求。它是取得最佳技术水平所必须呈现出来的技术动作成分。[①] 技术动作要领是体育教师在教学中所要采用的衡量学生技术动作水平的标准，根据这些动作要领来对学生的技术动作进行分析和诊断，并且依据分析和诊断的结果数据来给学生提供反馈意见，从而提高学生的技术能力。

以跳跃技术动作为例，该技术动作可以分为三个阶段：动作准备阶段、动作执行阶段和动作跟进阶段。动作准备阶段包括1个基本动作环节和4个动作要领。动作执行阶段包括3个基本动作环节和6个动作要领。最后的跟进阶段包括1个基本动作环节和1个动作要领（表3-1）。本章将许多运动项目技术的动作要领列在表3-8到表3-29中。

表3-1　跳跃技术动作基本结构、动作基本环节、动作要领

动作基本结构	动作基本环节	动作要领
动作准备阶段	站立姿势	1. 双脚打开与肩同宽 2. 双臂和双手自然放在身体两侧 3. 屈膝 4. 背部挺直
动作执行阶段	助跑、踏跳、腾空	1. 甩动手臂向后与肩相平 2. 像椅子一样蹲着 3. 起飞时把脚从地面上推开

①Knudson D. V. & Morrison C. S. Qualitative analysis of human movement [M]. Champaign IL: Human Kinetics, 2002.

续表

动作基本结构	动作基本环节	动作要领
动作执行阶段	助跑、踏跳、腾空	4. 使身体在空中显得高 5. 膝盖抵到胸部 6. 向下摇臂
动作跟进阶段	落地和缓冲	脚后跟轻轻着地，膝盖弯曲

（2）技术组合：是指由若干独立的技术动作联结组成的集合。如乒乓球运动员的“左推右攻”，艺术体操运动员的“难度性组合”与“表现性组合”等。

（三）运动技术的基本特征

1. 运动技术与体育动作的不可分割性

这是运动技术区别于其他技术的最显著的特征。运动技术只能通过运动员身体动作表现出来。因而，人们长期将运动技术又称为“技术动作”“动作技术”等。

2. 运动技术不断发展的必然性

在任一特定时刻，运动技术的规范要求的合理性都是相对的和暂时的。随着运动员身心素质的不断提高和运动器械设备的不断改进，运动技术也在不断地发展，即处于一种动态变化过程之中。

3. 运动技术相对稳定与即时应变的统一性

运动技术应具备相对稳定的动作结构。在比赛中，应力求保持这种结构。同时，随着比赛环境及比赛对手的变化，有效的运动技术应能随这些变化而有所调整。

4. 运动技术的个体差异性

不论何种运动技术都必须符合科学原理，具有运动的规范性和公认的动作规格。然而，由于运动员在身体形态、活动体质等许多方面具有不同的个人特点，并且处于不同的身心发展阶段，所以，运动技术还具有个体差异性。对每个具体的学生来说，最合理的技术动作都不会完全相同，而有着鲜明的个人特点，并要符合个人身心发展阶段。

二、学生技术能力的影响因素

学生掌握和运用运动技术的能力称为技术能力。影响学生技术能力高低的因素有主体因素和客体因素两大类。

（一）主体因素

1. 人体结构力学特征

运动技术必须以身体动作为表现形式，而身体动作表现则以人体解剖结构作为基础。例如，动作的幅度主要取决于人体关节的结构，动作的速度则受到肌肉的结构（肌纤维构成比例）和功能的影响。尤其是身体残疾对技术动作要领具有很大的影响。针对身体残疾学生，教师在教学过程中使用技术动作要领一定要有灵活性，对这些动作要领进行改变。比如，一个坐轮椅的残疾学生在学习篮球胸前双手传球技术动作时，这一技术动作要领与正常学生是不同的。所有下肢的技术动作要领都应该去除，如表 3-2 所示。

表 3-2　残疾学生与正常学生不同的要求

阶段	关键技术	
	正常学生	坐轮椅学生
准备阶段	1. 双脚分开与肩同宽 2. 背部挺直 3. 眼睛注视目标 4. 双手持球 5. 大拇指八字形相对 6. 球在胸前 7. 肘关节弯曲、向外 8. 膝盖微屈	1. 背部挺直 2. 眼睛注视目标 3. 双手持球 4. 大拇指八字形相对 5. 球在胸前 6. 肘关节弯曲向外
执行阶段	1. 左腿/右腿面对传球方向向前迈进 2. 转换重心至前腿 3. 延伸肘部 4. 手腕内旋 5. 球从指尖处释放 6. 掌心朝外，拇指朝下	1. 延伸肘部 2. 手腕内旋 3. 球从指尖处释放 4. 掌心朝外，拇指朝下
跟进阶段	臂和腿动作随前跟进	

2. 感知觉能力

学生在完成技术动作时，需要各种感知觉参加。其中，肌肉运动感觉起着重要的作用。经过反复学习，学生各种分析器的感受性得到高度发展。为了适应专项运动的要求，专门化知觉（如水感、球感、速度感、器械感等）也得以形成和发展。学生能够清晰地知觉自己的动作，因而动作具有高度的准确性和协调性。从运动训练实践中可以发现，运动员感知觉能力的高低，在很多情况下，同其技术水平存在极为密切的关系。技能主导类和技战能主导类的项目更是如此。例如，在乒乓球、羽毛球等隔网对抗类项目中，小肌肉群（如手指肌群）的感知觉能力，直接影响着运动员能否掌握高难技术。

3. 动作技能的贮存数量

运动技能是条件反射的建立，运动技能储存的数量越多，越能顺利地建立新的条件反射，使全身的神经兴奋与抑制过程更加灵活，神经活动的灵活性和平衡性得到提高，表现出良好的协调能力，能够胜任复杂的工作而不至于过早疲劳。

（二）客体因素

1. 竞赛规则

竞赛规则直接制约着运动技术的发展方向和发展进度。任何运动技术，只有在竞赛规则允许的范围内才能存在和发展。篮球三分球的规定推动了远投技术的发展，乒乓球直径的加大则使乒乓球技术更富于变化。无论是运动技术的学习、训练、掌握及运用，还是运动技术的创新，都必须深入研究规则精神，合理利用规则，并准确预测规则可能发生的变化及对运动技术发展的影响。

2. 技术环境

技术环境是指学生/运动员（队）周边相关群体（班级成员、国家、地区或运动队）的整体技术水平。实践证明，良好的技术环境对于学生/运动员学习、掌握和运用运动技术有着重要的作用。尤其在很多竞技体育运动项目中，“明星”级运动员大都产生于良好的技术环境之中。

3. 器材设备与场地

从某种意义上讲，运动技术的发展离不开器材设备与场地的进步，甚至某些技术若离开了这些因素就无法存在。例如，撑竿跳高中的“弹射”过杆技术，离不开玻璃钢竿；乒乓球中的“倒拍”发球和削球技术，离不开两面不同性质的球拍胶皮。在特定的情况下，所使用的器械设备是否先进，是决定其运动技术水平高低乃至其运动成绩好坏的重要原因。当代高科技不断渗入运动训练过程，促进了器材设备与场地等物质条件的飞速发展，从而为运动技术向更高水平发展提供了可能。①

第二节　运动技术动作分析模型

技术动作分析模型（Integrated ，Model of Qualitative Analysis）是由 Knudson and Morrison（2002）创建的，它由准备（Preparation）、观察（Observation）、评估与诊断（Evaluation and Diagnosis）和干预（Intervention）四个部分组成。

一、准备阶段

准备阶段主要是收集与该体育运动项目相关的教学或训练知识与信息（gathering relevant knowledge and information），并建立知识库（knowledge package）。比如，关于该运动技术的信息、关于学生的信息、关于有效的教学方式的信息、关于与该项运动技术相关的后续运动技术的信息。在准备阶段，体育教师必须要具备两个方面的知识。首先，体育教师要对学生的状况有所了解，比如，他们是哪个年级的学生？他们的运动经历如何？对这个运动项目了解多少？技能水平如何？另外，体育教师要对这个运动项目具有一定的专业知识。对于一个技术动作，它的动作要点是哪些？学生常犯的错误动作是什么？针对这些学生，哪些教学方法和手段能更有效地提高学生的技术能力？在具备这些知识能力以后，体育教师需要制定技术动作评估表（表 3-3）。这个表格有四行四列。第一列是技术动作阶段。一个技术动作分为三个阶段：准备阶段，执行阶段和跟进阶段。第二列包含一个技术动作要点。将技术动作要点按不同阶段一条一条地列出来。第三列是针对每个技术动作要点，来对学生的技术动作质量进行评估。如果学生的动作呈现了这个动作要点，则打勾；如果学生的技术动作没有呈现这个动作要点，则打叉。最后一列是备注。教师可以在这里记录下更详细的技术动作信息。比

①田麦久．运动训练学［M］．北京：高等教育出版社，2017：111-115.

如，如果学生的跟进动作有了，但是不够。教师可以对这一技术动作要点打勾，在备注里标明具体的信息，如学生需要全面完成跟进动作。通过这个表格，体育教师可以对学生的技术动作质量进行全面具体的评估。

表 3–3　运动技术动作评估表

阶段	动作要点	呈现与否（是/否）	备注
准备阶段			
动作执行阶段			
动作跟进阶段			

二、观察阶段

该模型的第二步骤是对具体的动作技术进行观察，并通过运动技术动作评估表来对学生或运动员的技术动作执行状况进行详细的记录。观察，是教师借助感官及相关辅助工具（观察量表、录音、录像等），直接或间接地收集学生对运动技术完成的资料，依据所收集的资料进行相关分析的一种常用的教学研究方法。通过体育课堂教学，观察学生对运动技术完成的质量，解决运动技术教学问题，提高教学质量，促进师生间相互学习与交流，对体育教师的教学反思、专业发展有积极的作用。通过观察所获得的信息的准确度对下面所要进行的分析和评估与干预的成功起到决定性作用。

（一）对技术动作进行观察的步骤

第 1 步：明确观察的目的。体育教师要决定这项技术动作的目的是什么？应该观察什么？各个不同的阶段观察不同的动作，如立定跳远动作在准备阶段观察学生是否做到两脚左右自然站立，与肩同宽，脚跟可抬起；是否能双臂经前上摆；是否两腿保持伸直；是否背部挺直。在执行阶段是否做到双臂后摆、重心降低、双腿蹬地、摆臂腾空、展体收腿；在跟进阶段是否做到落地缓冲。

第 2 步：明确观察的位置。从几个不同位置来进行观察，要避免站在影响学生技术动作完成的地方。有的动作需要从前面、侧面，以及后面来进行观察，比如武术的动作。再比如篮球胸前传接球技术观察的位置应在侧面，如是右脚在后就从右侧、前、后三个位置观察，距离 3 米左右观察问题及前后动作关联程度，动作是否完整，是否脱节，是否紧张、耸肩，握球的位置，是否有抖腕动作等。

第 3 步：明确观察的顺序。首先对整个技术动作进行观察，然后集中到技术动作阶段的具体动作要点。从连贯动作观察到分解动作观察，从整体动作观察到重点动作观察，如立定跳远动作，重点观察起跳和腾空动作是否正确完成，存在什么问题。也可以先观察下肢，然后观察躯干再到上肢。

第 4 步：明确观察的方法。观察的方法可以是现场观察，也可以用手机或摄像机等视频录制之后进行视频观察。

第 5 步：完成技术动作分析表格，并记录观察到的正确和不正确的技术动作要点。写出观察记录，写下学生技术动作完成的问题现状。

（二）观察时的技巧和注意事项

第一，在观察的时候，一定要注意安全。尤其是一些比较远距离的技术动作，如田径的铁饼、铅球、标枪等运动技术的观察时，要注意观察的时机和角度，避免出现不安全事故。

第二，在正常的速度下来观察技术动作的完成。尽量在正常速度下对完成者进行技术动作观察，因为很多技术动作只靠肉眼是无法加快或者放慢的，只能在常速状态下进行观察，所以要观察专注，抓住重点问题。

第三，要避免分散教师和学生的注意力。观察者在课堂教学中进行观察，要避免对正常的教学秩序进行破坏，影响正常的教师教学和学生学习。

第四，初学者的动作技术变化无常。每次完成技术动作所犯的错误都有可能不同。另外，相对于有一定技术动作水平的学生来讲，他们很容易产生疲劳。初学者有可能在一个动作阶段犯几个错误或者整个动作阶段的所有动作要点都有错误。因此，对初学者的观察更要注意观察的时机，及时记录其对技术动作的完成情况。

第五，观察长距离或难度高的技术动作比有很少移动的技术动作要难。比如，体操里的跳马动作比射击要难得多。体操的跳马动作涉及距离长和快速的助跑、起跳、腾空与离开跳马，以及落地的动作要点。而射击只包括眼睛瞄准目标、引弦和放箭。因此，对难度不同的技术动作要采取不同的观察方式。

第六，多借助仪器设备进行观察。对变化较快、复杂度较高、速度较快的运动技术只用肉眼观察可能不能达到很准确的观察效果，因此，要多借助现代信息化手段、设备进行观察，如利用手机的慢动作镜头，利用现代科学仪器对技术动作教学进行有效观察。

第七，观察要有重点，每一个动作阶段和衔接处都有重点动作和容易出现错误的动作，体育教师在观察时要特别重视跟踪观察这些易犯错误动作。

以高中一年级男女混合班的立定跳远教学为例，对学生完成的立定跳远的动作进行观察，观察记录见表3-4。

表3-4　立定跳远技术动作要点完成观察

阶段	动作要点	呈现与否（是/否）	观察记录
准备阶段	1. 两脚左右自然站立，与肩同宽，脚跟可抬起 2. 双臂经前上摆 3. 两腿保持伸直 4. 背部挺直	是 否 否 否	1. 双臂屈臂上摆 2. 膝盖弯曲 3. 背部后仰
执行阶段	1. 起跳，双手经下迅速向体后后摆 2. 同时，两腿下蹲降低身体重心，蹲着像坐椅子一样 3. 身体重心前移，两臂用力由后向前上方摆动，同时，双腿快速用力向后下方蹬地，腰部发力带动身体向前上方运动 4. 身体向前上方腾空跳起，充分展体 5. 落地时，迅速收腹举腿，小腿前伸 6. 向下摆臂	是 否 是 否 否 是	1. 双臂后摆不充分 2. 腾空高度不够 3. 没有展腹动作 4. 没有小腿前伸动作 5. 全身动作不协调
跟进阶段	1. 脚后跟先着地，向前滚动过渡到全脚掌 2. 膝关节弯曲缓冲 3. 稳定重心	否 否 否	1. 全脚掌着地 2. 没有屈膝缓冲动作 3. 身体重心向前或向后

三、评估和诊断

模型的第三个步骤是对观察的数据进行分析和评估。体育教师根据观察的数据，来判断学生动作技术的质量。比如，学生的技术动作要点成功完成的百分率，学生技术动作的优势是什么，缺点是什么。同时，体育教师要运用生物力学的原理来分析技术动作的错误对技术动作效果的影响，用心理学、解剖学等原理来分析技术动作错误的原因。如学生跨栏过不去，是因为心理恐惧的原因还是动作技术错误的原因引起的？关键点在哪？学生所做的技术动作错误的原因是什么？比如篮球胸前传接球，对于初学者来说，动作完成不协调连贯，胸前传接球不能传远，原因在哪里，是动作概念不全，还是不知道往后坐，或者没有这种运动习惯，又或者是力量不够，抖腕拨球的技巧掌握不好，还有可能是发力不完整，光用胳膊的劲，而不是靠蹬腿、挺腰、手臂传递的力量来传球等。要充分分析这些现象，并对产生这些问题的原因进行梳理。

体育教师首先要在前面动作要点准备和对学生运动技术的完成情况进行仔细观察的基础上再进行评估诊断，具体可以通过表 3–5 来进行分析记录。

表 3–5　技术动作要点完成观察与评估诊断表

准备阶段		观察阶段		评估诊断
阶段	动作要点	呈现与否（是/否）	观察记录	
准备阶段				
执行阶段				
跟进阶段				

以高中一年级男女混合班的立定跳远教学为例，对学生完成的立定跳远的动作进行观察，并对动作技术完成情况进行评估诊断，具体见表 3–6。

表 3–6　技术动作要点完成观察与评估诊断表

准备阶段		观察阶段		评估诊断
阶段	动作要点	呈现与否（是/否）	观察记录	
准备阶段	1. 两脚左右自然站立，与肩同宽，脚跟可抬起 2. 双臂经前上摆 3. 两腿保持伸直 4. 背部挺直	是 否 否 否	1. 双臂屈臂上摆 2. 膝盖弯曲 3. 背部后仰	1. 动作概念不清晰 2. 不知道用双臂上摆的力量带动作用 3. 动作不协调
执行阶段	5. 起跳，双手经下迅速向体后后摆 6. 同时，两腿下蹲降低身体重心，蹲着像坐椅子一样	是 否	1. 双臂后摆不充分 2. 腾空高度不够	1. 不清楚双臂带动的作用 2. 动作概念不清晰

续表

准备阶段		观察阶段		评估诊断
阶段	动作要点	呈现与否（是/否）	观察记录	
执行阶段	7. 身体重心前移，两臂用力由后向前上方摆动，同时，双腿快速用力向后下方蹬地，腰部发力带动身体向前上方运动 8. 身体向前上方腾空跳起，充分展体 9. 落地时，迅速收腹举腿，小腿前伸 10. 向下摆臂	是 否 否 是	3. 没有展腹动作 4. 没有小腿前伸动作 5. 全身动作不协调	3. 腰腹和腿部力量不够 4. 腾空高度不够 5. 缺乏整体练习
跟进阶段	11. 脚后跟先着地，向前滚动过渡到全脚掌 12. 膝关节弯曲缓冲 13. 稳定重心	否 否 否	1. 全脚掌着地 2. 没有屈膝缓冲动作 3. 身体重心向前或向后	1. 全脚掌落地，没有从脚后跟到脚前掌的滚动卸力动作 2. 动作要领没有掌握 3. 重心方向不清楚

四、干预手段

体育教师根据对学生技术动作的分析和评估，找出错误动作，并根据生物力学、心理学、解剖学等分析结果来设计干预方案，进行干预，从而提高学生的技术能力。

体育教师可以通过以下几种方式来对学生的错误技术动作进行干预：（1）教师提供口头反馈意见来纠正学生错误的技术动作。反馈可以分为两种：一种是内在反馈（internal feedback），另一种是外在反馈（augmented/external feedback）。内在反馈是学生或运动员自己通过视觉直接观察到的信息反馈。比如球的路线、球的落地点等。外在反馈是教师/教练或者他人给学生或运动员所提供的信息反馈。教师或教练所提供的信息反馈有三大功能。首先，帮助学生或运动员纠正错误动作。其次，巩固学生或运动员动作技术的正确之处。最后，增强学生或运动员的学习动机，从而更加努力地进行学习和锻炼或训练。（2）教师通过自身或者视频回顾向学生示范错误动作的情况，并与正确动作示范交替进行，以便于学生观察和模仿。（3）教师手把手来纠正学生错误技术动作；刺激本体感觉。（4）教师采用新的练习任务来纠正学生的错误技术动作。（5）教师扩大练习幅度或者练习密度来纠正学生的错误动作。（6）教师通过辅助练习方式来有效引导学生练习，纠正错误动作。（7）教师注重强化小提示并进行合理的干预练习来引导学生的练习。（8）教师通过反复强化练习的方式来加强学生对运动技术的理解和掌握。

总之，对学生或运动员的错误动作，可以通过口头反馈、示范、看视频、模仿、分解练习等方式来进行纠正。要根据学生完成动作的特点、完成动作的问题及主要原因来选择有针对性的干预方式，并能行之有效地进行错误改正。①

体育教师应将相应的干预手段及时记录，如果有不合适或者应用效果不佳的干预手段及时进行调整。表 3-7 就是一个完整的运动技术分析表。

表 3-7　技术动作完整分析模型表

准备阶段		观察阶段		评估诊断	干预手段
阶段	动作要点	呈现与否	观察记录		
准备阶段					
执行阶段					
跟进阶段					

以高中一年级男女混合班的立定跳远教学为例，对学生完成的立定跳远的动作进行观察，对动作技术完成情况进行评估诊断，并将具体的干预手段进行罗列，见表 3-8。

①Knudson D. V. & Morrison C. S. Qualitative analysis of human movement［M］. Champaign IL: Human Kinetics, 2002.

表 3-8　立定跳远技术动作完整分析

准备阶段		观察阶段		评估诊断	干预手段
阶段	动作要点	呈现与否	观察记录		
准备阶段	1. 两脚左右自然站立，与肩同宽，脚跟可抬起 2. 双臂经前上摆 3. 两腿保持伸直 4. 背部挺直	是 否 否 否	1. 双臂屈臂上摆 2. 膝盖弯曲 3. 背部后仰	1. 动作概念不清晰 2. 不知道双臂上摆的力量带动作用 3. 动作不协调	1. 正确动作示范 2. 扶住双臂帮助其顶肩提踵 3. 上下肢协调训练
执行阶段	5. 起跳，双手经下迅速向体后后摆 6. 同时，两腿下蹲降低身体重心，蹲着像坐椅子一样 7. 身体重心前移，两臂用力由后向前上方摆动，同时，双腿快速用力向后下方蹬地，腰部发力带动身体向前上方运动 8. 身体向前上方腾空跳起，充分展体 9. 落地时，迅速收腹举腿，小腿前伸 10. 向下摆臂	是 否 是 否 否 是	1. 双臂后摆不充分 2. 腾空高度不够 3. 没有展腹动作 4. 没有小腿前伸动作 5. 全身动作不协调	1. 不清楚双臂带动的作用 2. 动作概念不清 3. 腰腹和腿部力量不够 4. 腾空高度不够 5. 缺乏整体练习	1. 反馈错误原因 2. 完整动作和分解动作视频或图片讲解 3. 附加锻炼核心力量和腿部力量的素质练习 4. 分解、组合动作模仿练习、纵跳练习等 5. 拉起皮筋对起跳高度进行要求
跟进阶段	11. 脚后跟先着地，向前滚动过渡到全脚掌 12. 膝关节弯曲缓冲 13. 稳定重心	否 否 否	1. 全脚掌着地 2. 没有屈膝缓冲动作 3. 身体重心向前或向后	1. 全脚掌落地，没有从脚后跟到脚前掌的滚动卸力动作 2. 动作要领没有掌握 3. 重心方向不清楚	1. 先近距离体会缓冲动作 2. 原地练习、轻微用力练习、连续蛙跳练习等

第三节　运动技术动作分析步骤

运动技术动作分析的五个步骤具体如下。

第1步，教师或教练通过观察、分析、诊断和评估来找出学生或运动员所犯的所有错误动作。

第2步，教师或教练对导致学生或运动员犯错误动作的原因进行分类。

导致学生或运动员的错误动作有三个可能原因：（1）学生或运动员的身体素质，如肌肉力量、肌肉耐力、柔韧性等因素。比如学生或运动员在完成足球射门动作时，没有完全的跟进动作，这一技术动作错误有可能是因为学生或运动员的柔韧性差。那么，在这种情况下，教师或教练首先要提高学生或运动员的柔韧性，而不是去纠正跟进这一动作技术成分。（2）学生或运动员的心理因素，比如动机、兴趣和态度等因素；学生或运动员的心理状态对他们正确完成技术动作很重要。比如，在体育课里，两名女生在练习足球脚内侧传球技术动作，她们一边闲谈，一边练习。在练习时，她们用脚尖去捅球。所有的技术动作要领都做错了。在这种情况下，教师或教练首先要提高学生的积极性，而不是去纠正她们的错误动作。因为这两名学生可能能够正确执行这一技术动作，只是她们没有兴趣，心不在焉。（3）学生或运动员的技术动作缺陷。在这种情况下，教师或教练要通过上面所阐述的各种干预手段来纠正学生或运动员的错误动作，从而提高他们的技术动作水平。

第3步，当导致学生或运动员错误技术动作的原因是身体素质时，教师或教练可以通过体能训练来提高他们的身体素质，然后再回到技术动作教学。

如果导致学生或运动员错误技术动作的原因是心理状态，那么教师或教练可以通过采用一些教学方法和手段来提高他们的动机、兴趣和态度，然后再回到技术动作教学。如果导致学生或运动员错误技术动作的原因是技术动作的缺陷，那么教师或教练下一步要通过生物力学原理（矢量、动量、牛顿定律等）来理解为什么这个错误动作会对学生或运动员的运动成绩产生负面影响？这些错误动作是通过什么机制来对学生或运动员的运动成绩产生负面影响？掌握这些生物力学原理知识可以更科学和有效地进行技术动作干预。

第4步，找出所有错误动作的关联之处，对错误动作纠正的先后顺序进行排列。

对于重要关键的错误动作要首先进行干预。许多时候，两个错误动作相互关联，纠正其中一个错误动作，另一个错误动作就相应纠正了。比如，在传球时，学生或运动员没有转体和跟进动作，这两个错误动作是相互关联的。有可能没有跟进动作这一错误是转体欠缺所导致的，那么在纠正转体错误动作之后，跟进动作这一错误动作也相应解决了。

第 5 步，设计出错误技术动作干预方法和手段，并根据动作目的列出最有效的干预方法和手段，从而进行干预。

纠正一个错误技术动作，有许多方法和手段。教师或教练首先要设计出所有可能采用的干预方法和手段，然后使用最简单有效的方法和手段来纠正学生或运动员的错误技术动作。在进行这一步骤时，教师或教练要首先明白技术动作的目的是什么。是将球抛到最远的地方，还是将球投中到一个标志里？另外，在纠正错误技术动作时，要一个错误动作一个错误动作来进行，而不是一下子来纠正两个或以上的错误动作。这样会打消学生或运动员的积极性，同时学生或运动员的接受能力也承受不了。

第四节　运动技术动作分析案例

运动技术主要分为两类，一类是人体基本运动动作类，包括跑步、跳跃、投掷、滑动和翻滚；另一类是常见的运动项目类，具体见图 3-1、图 3-2。

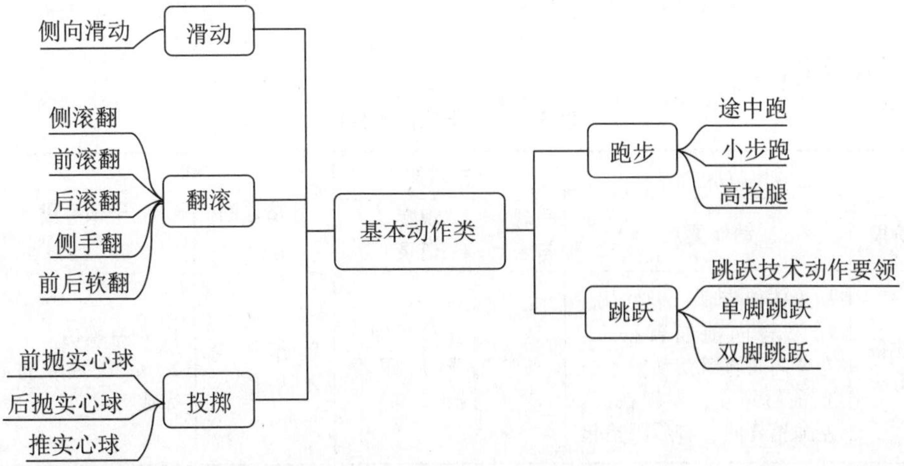

图 3-1　基本运动动作类

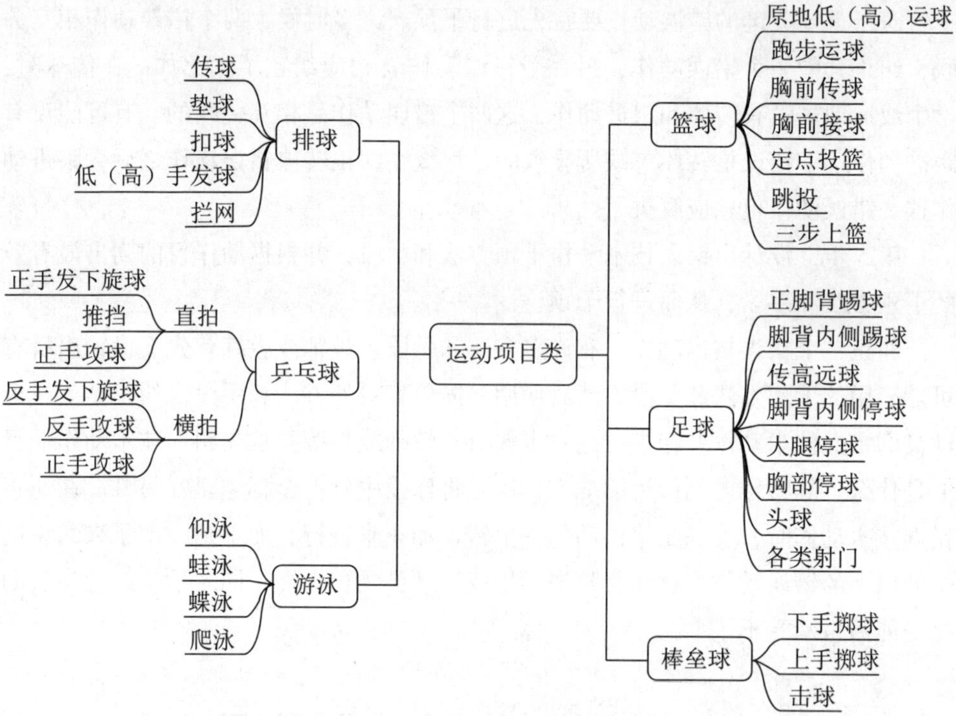

图 3–2　常见运动项目类

一、基本运动动作类

（一）跑

1. 小步跑

表 3–9　小步跑技术分析

准备阶段		观察阶段		评估诊断	干预手段
阶段	动作要点	呈现与否	观察记录		
准备阶段	1. 上体稍前倾，肩膀放松 2. 右臂向前屈臂摆动，左臂向后直臂摆动 3. 前后站立，左腿在前，左腿稍弯曲，脚后跟抬起	是 是 是	1. 上体后仰 2. 脚后跟没有抬起	动作概念不清晰	1. 观察模仿 2. 手把手帮助其完成

续表

准备阶段		观察阶段		评估诊断	干预手段
阶段	动作要点	呈现与否	观察记录		
执行阶段	4. 动作开始，左、右臂交替屈臂前摆 5. 右、左脚交替下压后撤扒地 6. 脚跟抬起，踝关节有弹性下压 7. 膝关节积极下压，在扒地时膝关节伸直	是 是 否 否	1. 没有扒地下压的动作 2. 出现上下肢一顺的现象 3. 频率不高，不能快速练习	1. 上下肢配合不协调 2. 腿部和手臂力量不够 3. 动作概念不清晰	1. 进行观察、模仿 2. 进行慢动作练习，协调后再加快速度 3. 强调膝关节的下压伸直动作
跟进阶段	8. 两臂放松自然下垂 9. 两腿自然站立姿势	是 是	双臂紧张	肌肉没有放松	手把手帮其放松

2. 站立式起跑

表 3-10　站立式起跑动作技术分析

准备阶段		观察阶段		评估诊断	干预手段
阶段	动作要点	呈现与否	观察记录		
准备阶段	1. 双脚前后开立，两腿微屈 2. 两臂弯曲一前一后架于身体两侧 3. 眼睛平视前方 5 米处 4. 重心在前腿 5. 各就各位口令时，背部挺直 6. 预备口令时身体微屈，重心前移	否 否 是 否 否 是	1. 双脚前后开立，两腿直立 2. 两臂垂于体侧 3. 重心在后脚，没有前移	1. 动作概念不清晰 2. 不知道屈腿、重心前移和手臂预摆的作用	1. 正确的动作示范和练习 2. 正确动作和错误动作的对比，帮助明确正确动作概念
执行阶段	7. 听到口令，腿部积极蹬地摆动 8. 双臂前后摆动，双手微微握拳 9. 双臂贴近于体侧，前后摆动 10. 眼睛向视，头部自然放松	是 否 否 是	1. 跑动过程中，双臂左右摆动且没有贴近体侧，双手没有握拳 2. 上肢后仰，重心没有前倾	1. 不清楚双臂积极前后摆动对于摆动腿的带动作用以及双臂左右摆的阻力 2. 动作概念不清晰	1. 指出学生动作中的错误并纠正 2. 利用挂图、视频和示范等建立学生正确的跑动动作认知

续表

准备阶段		观察阶段		评估诊断	干预手段
阶段	动作要点	呈现与否	观察记录		
执行阶段	11. 肩部自然放松 12. 重心稍前倾 13. 背部挺直 14. 摆动腿积极向高抬，大腿近乎平行于地面，蹬地腿用力蹬地 15. 短距离跑脚尖着地 16. 小腿蹬地、折叠、前伸、落地	否 是 否 是 否 是	3. 摆动腿向上抬的高度不够 4. 全脚掌着地 5. 小腿后撩	3. 腿部力量不够 4. 缺乏正确动作的示范和练习	3. 适当地安排学生力量练习 4. 借助橡皮筋造成阻力，让学生反复练习、感受正确的摆臂姿势和摆腿动作
跟进阶段	17. 重心由低到高 18. 冲过终点后放松大步跑缓冲	否 是	重心起伏变化较大	1. 动作要领没有掌握 2. 动作重心概念不清晰	1. 利用挂图或视频资料中正确的重心移动过程，强化学生对于重心引动的认知 2. 让学生反复练习、感受跑动过程中重心的变化

（二）跳

表 3-11　单脚跳跃动作技术分析

准备阶段		观察阶段		评估诊断	干预手段
阶段	动作要点	呈现与否	观察记录		
准备阶段	1. 双脚开立与肩同宽 2. 膝盖微屈 3. 背部挺直 4. 目视前方 5. 双臂经前上摆	是 是 否 是 是	1. 双臂屈臂上摆 2. 背部后仰	1. 动作概念不清楚 2. 动作不协调 3. 不会运用双臂上摆力量的带动作用	1. 正确动作示范 2. 双臂上摆带动练习 3. 上下肢协调练习

续表

准备阶段		观察阶段		评估诊断	干预手段
阶段	动作要点	呈现与否	观察记录		
执行阶段	6. 起跳时双手经下迅速向体后摆动 7. 屈膝降低重心 8. 身体重心前移，两臂快速由后向前上方摆动 9. 同时重心放在支撑脚，支撑脚用力向后下方蹬地，非支撑脚屈膝，做提膝上顶动作 10. 身体向前上方腾空跳起，充分展体 11. 上下摆动非支撑腿 12. 落地时，支撑腿脚跟先着地，迅速过渡到全脚掌，摆动腿靠拢支撑腿	否 否 是 否 否 否 是	1. 双臂后摆不充分 2. 没有屈膝动作带动蹬地发力 3. 提膝上顶不明显，且支撑腿蹬地不积极 4. 非支撑腿摆动动作不明显 5. 身体不协调 6. 没有展髋的动作	1. 不明白双臂摆动的作用 2. 腿部力量不够 3. 腰部力量不够 4. 身体不协调 5. 动作不连贯，缺乏练习	1. 反馈错误原因 2. 先完整后分解示范讲解与练习 3. 增加素质练习 4. 跑跳结合练习 5. 借助橡皮筋进行阻力练习 6. 左右腿交换支撑跳练习 7. 力量练习和协调性练习
跟进阶段	13. 落地，支撑腿屈膝缓冲，摆动腿跟进 14. 重心稳定	否 否	1. 缓冲动作不明显 2. 重心摆动	1. 动作要领不明确 2. 重心不明确	1. 原地单腿支撑交换跳练习 2. 协调性练习

（三）投

表 3–12　双手前掷实心球动作技术分析

准备阶段		观察阶段		评估诊断	干预手段
阶段	动作要点	呈现与否	观察记录		
准备阶段	1. 十指自然分开，食指、中指、无名指、小拇指放于球两侧，将球夹住，拇指成八字	是	1. 准备姿势不正确，重心压在前腿	1. 准备动作概念不清楚	1. 讲述正确准备动作，并加以示范

续表

准备阶段		观察阶段		评估诊断	干预手段
阶段	动作要点	呈现与否	观察记录		
准备阶段	2. 双腿前后自然站立，重心落在后腿上 3. 双手举球至头后方，双臂弯屈成 90 度 4. 身体前倾，预摆 5. 重心落在后脚，前脚可伸直用前脚点地	否 是 否 是	2. 身体没有前倾动作，预摆幅度不够	2. 身体柔韧性较差	2. 让学生进行正确的持球姿势和站姿练习 3. 加强腰背部柔韧练习
执行阶段	6. 上体后仰，加大背躬深度，同时双臂后引 7. 屈膝后腿用力蹬地，送髋，重心前移 8. 然后，急震用力收腹，收胸 9. 全身协调发力，以胸带动上臂，上臂带前臂发力 10. 然后手腕和手指用力拨球，将球抛出（高度约为水平面 30 度左右） 11. 球出手后，前后脚迅速交换	是 否 否 是 是 是	1. 双臂未后引，未加深背弓幅度 2. 屈膝幅度太小，蹬地力量不足 3. 手指未用力拨球 4. 预摆次数过多 5. 蹬地的力量不能上导，仅用胳膊的力量投掷	1. 不知道双臂后引的作用 2. 腰部力量不够，背肌太紧，不能形成反弓 3. 屈膝幅度不够，腿部力量太小 4. 拨球动作概念不清楚，手指力量不足	1. 讲解双臂后拉的作用及原理 2. 抓住双手，轻轻往后拉，体会双臂后拉的作用 3. 进行核心力量练习和原地深蹲、蛙跳以及背部肌肉练习 4. 原地进行双手拨球练习
跟进阶段	12. 双臂自然下摆 13. 屈膝，重心后移缓冲，保持身体平衡 14. 球抛出后，避免身体触线 15. 身体恢复到运动前状态	是 否 是 是	缓冲幅度不够	后脚未落地，双脚合并过快	1. 原地进行跳换步缓冲练习 2. 明确画线标志，防止犯规

（四）滑动

表 3–13 侧向滑步动作技术分析

准备阶段		观察阶段		评估诊断	干预手段
阶段	动作要点	呈现与否	观察记录		
准备阶段	1. 肩向运动方向（以向左侧移动为例） 2. 脚尖朝前 3. 手臂向两侧自然张开 4. 膝盖微屈 5. 眼睛看向前方 6. 背部挺直	是 否 否 是 是 否	1. 双臂没有上摆 2. 脚尖呈八字 3. 背部没有挺直	1. 不了解双臂在滑步的过程中所起的平衡作用 2. 脚尖朝外会增大移动的阻力	1. 强调动作概念 2. 示范讲解 3. 手把手纠正
执行阶段	7. 进一步弯曲膝盖 8. 以右脚外侧蹬地发力 9. 带动左脚向左侧跨步 10. 右脚跟上与左脚并步 11. 膝盖在起跳腾空时伸直 12. 同样的动作继续进行	是 是 是 是 否 是	1. 移动方向不是直线 2. 两脚没有并步的动作 3. 没有腾空的动作	1. 脚蹬地力量不均匀 2. 蹬地的力量不能很好地协调到两脚上 3. 蹬地力量不足	1. 加强协调性练习 2. 加强腿部力量练习 3. 变换不同方向来移动，掌握移动的基本要领 4. 用游戏的方式变换移动的练习
跟进阶段	13. 着地时膝盖弯曲缓冲	是	膝盖没有弯曲	不知道膝盖弯曲的缓冲作用	多用语言强调，小提示强调

二、常见运动项目类

（一）体操类项目技术动作分析

1. 前滚翻

表 3–14　前滚翻动作技术分析

准备阶段		观察阶段		评估诊断	干预手段
阶段	动作要点	呈现与否	观察记录		
准备阶段	1. 双脚并拢，蹲撑 2. 双手撑垫 3. 目视前方 4. 背部挺直	是 是 是 是	1. 双脚全脚站立，膝盖弯曲 2. 视线看向下方，胸部紧贴大腿 3. 身体微微前倾	两手支撑过远	1. 正确动作示范 2. 放置标志物，使两手与膝关节在同一垂直面
执行阶段	5. 身体重心前移，两脚蹬地 6. 屈臂、低头、含胸、提臀 7. 双手推地面 8. 使头的后部在两手支点前方着垫 9. 两腿蹬直离地，依次经颈部、背部、腰部、臀向前滚动 10. 直线向前滚动 11. 膝盖贴至胸部	是 否 是 是 是 是 否	1. 没有头着垫，同时屈臂低头含胸提臀 2. 脚跟慢慢离地，脚掌发力蹬地 3. 滚动方向偏左 4. 不能使身体团紧 5. 用头顶着垫	1. 不清楚触垫时头的部位 2. 由于头放偏，滚动的方向不正 3. 身体松散不能收紧 4. 蹬地推手的力量没有传递	1. 给学生拍拍头，指出是头后部着垫 2. 单跪垫侧，一手扶背，一手扶臀，保护与帮助学生练习 3. 练习团身前后滚动
跟进阶段	12. 当滚动至背部着垫时，迅速收腹屈膝 13. 上体紧跟大腿团身抱膝成蹲立	否 否	1. 滚动至背部时未能快速收腹 2. 结束时坐于垫子上，未能蹲立	1. 蹬地力量不足 2. 身体松散	1. 进行蹬腿练习 2. 大腿与胸之间夹乒乓球，使其身体加紧 3. 语言提示胸部积极主动与大腿靠拢

2. 侧手翻

表 3-15 侧手翻动作技术分析

准备阶段		观察阶段		评估诊断	干预手段
阶段	动作要点	呈现与否	观察记录		
准备阶段	1. 两脚并拢，手臂侧平举 2. 两脚前后站立 3. 双臂向前上方摆起 4. 左腿前举向前跨出一大步成弓箭步 5. 接着后腿向后上方摆起 6. 同时上体积极下压 7. 双手积极向前伸展准备撑地	否 是 否 否 是 是 否	1. 没有双臂侧平举姿势 2. 跨步间距太小 3. 身体没有展开，手脚间距太小	1. 动作概念不清晰 2. 动作缓慢，不协调 3. 两臂向前伸展不够，间距过小	1. 正确动作示范 2. 让其反复上步练习成弓箭步形成肌肉记忆 3. 给练习者手和脚的摆放位置画一些醒目的标志。反复练习形成正确动作记忆
执行阶段	8. 前腿蹬地摆起 9. 同时左手在两脚延长线，前手掌外展 90 度撑地并带动肩、头、身体向左转体 90 度 10. 右手依次向前撑地经分腿倒立	是 是 否	1. 双腿分开空中倒立与上身没有在一个水平面上 2. 两手未在一条直线上 3. 分腿倒立时屈双手肘 4. 两腿没有积极向正上方摆动	1. 腹部没有收紧 2. 动作概念不清 3. 髋部没有充分展开	1. 在地上画一条直线做侧手翻，要求手脚都落在线上，推手快 2. 在他人帮助下，要求经倒立时两臂充分顶肩、分腿大，身体伸直 3. 加强核心训练和腿部力量练习
跟进阶段	11. 左右手依次顶肩推手 12. 一腿落地屈膝蹬直，另一腿侧伸落地成两臂侧举分腿站立姿势	是 否	两臂未侧举并且两腿分立不够充分	不清楚双臂侧举保持重心的重要性	1. 动作要点概念讲解 2. 正确动作示范 3. 让学生模仿练习养成习惯

（二）球类项目技术动作分析

1. 篮球

表 3-16　篮球胸前传球动作技术分析

准备阶段		观察阶段		评估诊断	干预手段
阶段	动作要点	呈现与否	观察记录		
准备阶段	1. 双脚分开与肩同宽，两膝微屈 2. 背部挺直 3. 眼睛注视目标 4. 双手持球 5. 五指自然分开，大拇指呈八字形 6. 球置于胸腹之间 7. 双臂屈肘，自然下垂	是 是 否 是 是 否 是	1. 手指太过僵硬，八字形做得不到位 2. 掌心没有空出	1. 球感不太好，持球手指较紧张 2. 控球的部位不清楚，力道没控制好	1. 正确动作示范 2. 加强动作控制练习、定型，形成肌肉记忆，球性练习 3. 手指柔韧性练习 4. 上下肢协调训练
执行阶段	8. 面对传球方向，蹬地发力，向前迈进 9. 转换重心至前腿 10. 延伸至肘部，双臂充分前伸 11. 在指尖处拨球 12. 球出手后，双臂充分前伸，拇指用力向下压	是 否 是 是 否	1. 发力不协调，身体重心靠不稳 2. 传球的方向和路线控制不到位 3. 没有做出拨球的动作，手指发力有问题	1. 对球的控制度较差 2. 手臂和腿部力量不够 3. 空间感较弱，对球的方向和路线控制不好 4. 身体练习不够灵活，动作机械 5. 全身发力的协调性不够	1. 反馈错误原因 2. 视频或图片讲解加深理解 3. 手臂力量和腿部力量练习 4. 原地练习与跑动练习结合，增加对球的控制感和空间感 5. 无球练习与有球练习结合，对墙传球和与同学互传结合，体会全身协调发力
跟进阶段	13. 随前，通过下肢蹬地、跨步、腰腹综合用力，全身协调用力	否	没有用上蹬地、腰腹的力量，仅仅只用手臂发力	胳膊、腰腹及腿部力量较弱	1. 传接球的距离可以先比较近，动作熟练定型后逐渐变远 2. 俯卧撑、蛙跳练习增加力量 3. 行进间传接球比赛，提高练习兴趣

表 3-17 篮球胸前接球动作技术分析

准备阶段		观察阶段		评估诊断	干预手段
阶段	动作 要点	呈现 与否	观察 记录		
准备 阶段	1. 双脚分开与肩同宽 2. 站直 3. 目视对方方向 4. 手臂胸前呈“L”形 5. 五指自然分开，拇指相对	是 是 否 是 是	1. 双脚没有开立 2. 眼睛没有方向感 3. 没有准备动作 4. 双手不自然	没有接球的意识	1. 无球练习准备动作 2. 先近距离练习，逐渐再拉开距离
执行 阶段	6. 眼睛目视来球方向 7. 球来时，主动伸手迎球 8. 触球一瞬间，双手稍紧张，向外旋转接球 9. 两臂后引 10. 后退一步	是 否 否 否 是	1. 不能主动迎球 2. 没有双手外旋接球的动作 3. 后引动作不够	1. 不知道主动迎球的动作 2. 心里对球有恐惧感 3. 空间感较弱，对球的方向和路线判断不好 4. 不清楚后引卸力的作用	1. 反馈错误原因 2. 视频或图片讲解加深理解 3. 手臂力量和腿部力量练习 4. 原地练习与跑动练习结合，增加对球的判断感和空间感 5. 球性练习，克服恐惧感
跟进 阶段	11. 缓冲，把球拉到腰腹间	是			

表 3-18 篮球三步上篮动作技术分析

准备阶段		观察阶段		评估诊断	干预手段
阶段	动作 要点	呈现 与否	观察 记录		
准备 阶段	1. 双手或右手持球 2. 双脚前后开立，左脚在前右脚在后 3. 两眼平视前方，判断跑进和上篮的距离和位置	是 是 否	1. 双脚没有前后开立 2. 低头注意力不在前方	球感不太好，持球手指较紧张	1. 正确动作示范 2. 加强动作控制练习、定型，多运球
执行 阶段	一大二小三跳： 4. 第一步 （1）上篮的一瞬间持球在身体右侧	是	1. 第一步会有意识地跨大步，但运球时球的落点太靠前	1. 对球的控制度较差 2. 身体协调配合程度不够	1. 反馈错误原因，视频或图片讲解加深理解

续表

准备阶段		观察阶段		评估诊断	干预手段
阶段	动作要点	呈现与否	观察记录		
执行阶段	(2) 跨右步，向前跨出一大步 5. 第二步 (1) 左脚跨一小步的同时双手持球于左侧 (2) 重心压低，准备起跳 (3) 跑动过程中身体尽量前倾 6. 第三步 (1) 看准篮筐的位置 (2) 左脚蹬地起跳 (3) 腾空高，身体充分伸展开 (4) 右（左）手送球，手指自然将球拨出，用力柔和	是 是 否 否 是 否 是 是	2. 第二步跨得也大，身体明显晃动，重心较高 3. 起跳位置离篮筐太远，上篮身体不够伸展，拨球用力太大	3. 腿部力量较弱 4. 空间感较弱，预判能力较差 5. 身体练习不够灵活，心里恐惧高跳时上篮	2. 先做无球上篮练习，动作流畅后再进行有球的反复练习 3. 在篮下进行原地的拨球练习，然后再反复进行跑篮练习，逐渐调整并找到自己最合适的距离
跟进阶段	7. 投篮后，双脚落地缓冲，双手向上摆动，维持身体平衡	是	双脚直立，不管落地的篮球	心理原因，上篮后躲球	1. 正确示范，强调缓冲的重要性 2. 可以进行原地投篮接球练习

2. 排球

表 3-19　排球正面双手垫球动作技术分析

准备阶段		观察阶段		评估诊断	干预手段
阶段	动作要点	呈现与否	观察记录		
准备阶段	1. 两脚左右开立稍比肩宽 2. 一脚稍前，两脚尖内收，脚跟稍提起	是 是	1. 两脚外八字，后脚跟着地 2. 重心在两腿之间	1. 动作概念不清晰 2. 不清楚垫球瞬间需要快速移动的基本姿势	1. 正确的动作示范 2. 体会身体前倾的感觉

续表

准备阶段		观察阶段		评估诊断	干预手段
阶段	动作要点	呈现与否	观察记录		
准备阶段	3. 背部挺直，上体前倾，重心靠前 4. 膝盖弯曲 5. 双手合十，拇指靠在一起 6. 两臂放松，自然弯曲，双手置于腹前 7. 眼睛注视来球	是 否 是 是 是	3. 两臂放于胸前 4. 两腿直立，膝盖不弯曲	3. 身体太紧张	3. 增加一些移动练习 4. 语言法进行提示，放松肌肉紧张的状态
执行阶段	8. 接球瞬间，屈膝移动，降低重心，跑向来球 9. 两臂夹紧前伸，插到球下 10. 触球时双臂伸直，用前臂击球 11. 同时双脚蹬地、顶肩、夹臂、压腕、迎击来球	是 是 是 否	1. 掌根分开，手腕没有下压 2. 垫球的位置没有在手腕以上 10cm 3. 没有蹬地、顶肩、夹臂击球的动作 4. 屈肘	1. 垫球手型的动作概念不清晰 2. 垫球的位置不够明确 3. 没有蹬地，不能将蹬地的力量协调向上传递 4. 只用手臂上抬的力量击球	1. 示范错误动作和正确动作进行对比讲解 2. 垫固定球练习，体会垫球的位置和垫球的角度 3. 强调手臂平行线移动而不是扇形移动
跟进阶段	12. 手臂引导球指向目标 13. 身体重心随击球动作前移 14. 击球点保持在腹前 15. 击球后迅速做好下一个动作的准备	是 否 是 是	1. 身体重心向后 2. 击球点在胸前	1. 不明确重心对垫球的重要性 2. 身体肌肉紧张 3. 上下肢不协调	1. 一个人拿球一个人垫，垫固定球，感受重心向前的感觉 2. 一个人抛一个人垫 3. 对墙垫球，脚下随着球的方向移动，感受击球点，增加身体的上下肢练习

表 3-20　排球头上传球动作技术分析

准备阶段		观察阶段		评估诊断	干预手段
阶段	动作要点	呈现与否	观察记录		
准备阶段	1. 背部挺直 2. 眼睛注视来球 3. 膝盖弯曲 4. 双脚开立与肩同宽 5. 双手自然分开抬起，两臂之间成90度左右 6. 双手放松置于额前，拇指相对	是 是 否 是 否 否	1. 双手能抬起于脸前，但两臂张得太开，接近180度 2. 五指没有放松张开，五指伸开过大	1. 动作概念不清晰 2. 动作僵硬 3. 动作不协调	1. 正确的动作示范 2. 游戏法来促进学生的身体放松 3. 对地传球，体会双手握球以及触球的感觉
执行阶段	7. 抬头注视来球 8. 两手自然张开形成半球形 9. 双手在头上方做八字形或一字形 10. 手臂弯曲 11. 击球点在额头前上方的一拳距离处 12. 提肘外展 13. 蹬地、伸膝、伸臂 14. 双手同时用手指接触球将球弹出 15. 击球瞬间手臂伸直	是 是 否 是 否 否 是 是 是	1. 屈膝迎球 2. 击球点在脸前上方 3. 两手掌紧张，五指分得太开，不成半球形 4. 击球时两臂之间的距离接近180度 5. 两膝盖外展 6. 没有蹬地传送的力量	1. 动作概念不清晰 2. 初步学习建立了错误的动作定型 3. 对球的控制能力差 4. 蹬地的力量不能上传，只靠手臂的力量，动作不协调	1. 示范错误动作和正确动作进行对比讲解 2. 自抛自接球练习，一人抛球一人接球练习，左右移动练习 3. 多次进行徒手练习 4. 靠近墙对墙传球，练习球性 5. 多做一些屈膝蹬地伸臂练习
跟进阶段	16. 击球后身体重心随击球动作前移，全身放松呈准备姿势状态，准备下一个击球动作	否	1. 出手时，手的触觉对球的力度较大，手指僵硬 2. 跳传 3. 不能成准备姿势	1. 对球的控制力掌控差 2. 将原地传球做错成跳起传球	1. 添加一些蹬地、伸膝练习的手段 2. 多次徒手练习，建立初步的正确动作定性

3. 足球

表 3–21　脚背正面踢球动作技术分析

准备阶段		观察阶段		评估诊断	干预手段
阶段	动作要点	呈现与否	观察记录		
准备阶段	1. 双脚分开与肩同宽 2. 眼睛注视足球 3. 膝盖弯曲，降低重心 4. 双臂在体侧自然放松 5. 做起跑姿势	是 是 是 是 是	1. 没有降低重心 2. 姿态不自然，紧张	1. 动作概念不清晰 2. 心里紧张	1. 正确动作示范 2. 多接触球
执行阶段	6. 斜线助跑 7. 支撑脚位于球侧 8. 支撑脚膝关节弯曲 9. 脚尖方向对准球 10. 转换重心至支撑脚 11. 踢球腿以髋关节为轴，膝关节微屈，大腿带动小腿右后方向摆动 12. 击球脚向前摆动 13. 脚面绷直 14. 以脚背正面击球 15. 击球的中下部 16. 延伸踢球脚	否 否 是 否 是 否 是 否 是 否 是	1. 支撑脚在球的后侧方 2. 踢球腿后摆不充分 3. 没有大腿先后摆再带动小腿前摆的动作 4. 直线助跑 5. 脚面没有绷直 6. 脚背正面击球不充分	1. 定位不准确，空间感不好 2. 不清楚踢球腿充分后摆产生的力量 3. 不知道预摆的动作 4. 不知道斜线助跑的加速作用以及对球运行方向的影响 5. 练习太少，没形成动作定型 6. 缺乏球性练习和腿部力量练习	1. 支撑脚定位练习 2. 球间隔墙 2~3m 连续摆小腿击球正后方，指导纠正 3. 手扶栏杆做后摆前摆的动作，进行手把手矫正 4. 弧线助跑练习 5. 强调动作 6. 面对墙练习，体验脚背正面踢球，加强腿部力量练习
跟进阶段	17. 击球脚随前跟进 18. 重心向前移动 19. 击球脚先落地支撑脚随后	是 否 是	身体及踢球脚都没随前	踢球后有收力的动作，害怕用力	心理暗示，克服畏惧心理

表 3-22　足球脚弓传球动作技术分析

准备阶段		观察阶段		评估诊断	干预手段
阶段	动作要点	呈现与否	观察记录		
准备阶段	1. 双脚分开与肩同宽 2. 眼睛注视足球 3. 膝盖弯曲，降低重心 4. 双臂在体侧自然放松 5. 做起跑姿势	是 是 否 是 是	1. 没有降低重心 2. 姿态不自然，紧张	1. 动作概念不清晰 2. 心里紧张	1. 正确动作示范 2. 多接触球
执行阶段	6. 支撑脚位于球侧（6~8英寸远） 7. 脚尖对准目标方向 8. 转换重心至支撑脚 9. 踢球腿以髋关节为轴，膝关节微屈，大腿外展，带动小腿右后方向摆动 10. 足弓正对球 11. 击球中部	是 是 否 是 否 是	1. 踢球腿屈膝外展不充分，脚尖没有翘起 2. 摆腿动作过分紧张，使摆速受到限制 3. 在踢球腿前摆时膝关节伸直，形成直腿扫踢 4. 踢球时上体向踢球腿一侧倾斜，脚掌内翻	1. 不清楚踢球腿充分后摆产生的力量 2. 练习太少，没形成动作定型 3. 缺乏球性练习	1. 教师分步进行示范并讲解 2. 强调脚背内侧与脚背正面侧运球不同之处，使学生加深对技术要领的印象 3. 学生做原地无球模仿练习，强调动作要领 4. 学生二人一组练习，要求力量小，体会脚与球接触的感觉 5. 走或慢跑中体会脚背内侧运球技术
跟进阶段	12. 跟随击球脚 13. 击球脚落地 14. 身体和髋关节向前送	是 否 是	没有向前送的动作	1. 不清楚随摆动作 2. 不会运用力量	1. 教师示范强调 2. 多练习，学会运用随摆力量

表 3-23　足球射门动作技术分析

准备阶段		观察阶段		评估诊断	干预手段
阶段	动作要点	呈现与否	观察记录		
准备阶段	1. 双脚分开与肩同宽 2. 眼睛注视足球 3. 膝盖弯曲，降低重心 4. 双臂在体侧自然放松 5. 做起跑姿势	是 是 否 是 是	1. 没有降低重心 2. 姿态不自然，紧张	1. 动作概念不清晰 2. 心里紧张	1. 正确动作示范 2. 多接触球
执行阶段	6. 助跑，接住球 7. 移动身体重心，向前上步支撑脚位于球侧 8. 脚尖对准出球方向 9. 放置非击球脚于球侧 10. 转换重心至非击球脚 11. 膝盖弯曲，击球腿大腿带动小腿，摆动击球 12. 小腿后屈 13. 摆动击球时腿膝盖伸直 14. 足弓正对球 15. 接触球	是 是 否 是 是 是 否 否 是 是	1. 射门不准，不是偏高就是偏低 2. 射门无力	1. 射门的意识不强 2. 不清楚踢球腿充分后摆产生的力量 3. 练习太少，没形成动作定型 4. 缺乏球性练习	1. 做一人扶球，另一人做脚背正面踢球的模仿练习，或一人抛球，另一人练习踢球，体会脚触球的正确部位 2. 射门时要求大腿发力带动小腿，加速摆动，增加踢球射门的力量 3. 加强身体素质的训练，提高腿部、腰部的力量
跟进阶段	16. 踢球 17. 击球脚先落地，非击球脚随后	是 否	没有随前动作	缺乏球性练习	要采取多种方式练习射门，提高射门能力。射门意识要通过各种形式的教学比赛，如大、小场地、小球门、多球门等比赛

4. 棒球

表 3–24　下手掷球动作技术分析

准备阶段		观察阶段		评估诊断	干预手段
阶段	动作要点	呈现与否	观察记录		
准备阶段	（以右手投球为例） 1. 两脚前后站立，左脚在前 2. 背部挺直 3. 瞄准目标 4. 两臂自然下垂在身体两侧 5. 右手持球	是 否 是 否 是	1. 背部放松 2. 两臂弯曲，紧张	1. 不清楚下一步掷球的发力要点，背部肌肉紧张不起来 2. 马上要开始掷球，精神兴奋、紧张，两臂不能放松	1. 正确动作示范、讲解、语言引导 2. 手把手让对方背部挺直，两臂放松
执行阶段	6. 动作开始，左臂顺势举起 7. 右手持球经前、向上，再向后画立圆，然后向前奋力甩臂将球投出 8. 将重心从后脚移至前脚，同时右脚向前迈一步 9. 当持球甩臂至胸前时投出球 10. 球出手瞬间转腕，使手腕正对投球方向，手指拨球 11. 手臂伸直 12. 左手随右手动作做非投掷臂摆动，向后摆动，协调配合	否 否 是 否 否 否 否	1. 左臂没有辅助动作 2. 掷球手直接后引就向前投出 3. 投球出球点在腰腹部 4. 球出手时没有转腕拨指的动作 5. 球出手后手臂弯曲 6. 球运行方向不是指向目标方向 7. 左臂没有配合协调的动作	1. 手脚不协调，左右手不协调，只靠右手臂的力量掷球 2. 掷球时右手没有经前向上向后画立圆的动作，不清楚该动作对掷球的预摆辅助作用 3. 出球点太低，出球太早，没有推送的动作 4. 不清楚出球瞬间转腕拨指对球运行方向的作用 5. 球出手后手臂过早收回 6. 左臂没有配合协调，最后后摆保持平衡的动作	1. 完整动作示范、讲解 2. 徒手练习 3. 分解动作练习 4. 小组练习，教师提醒纠正 5. 用毛巾或其他替代品练习画立圆向前投掷的鞭打动作 6. 先近距离练习，再逐渐增加掷球的远度 7. 定点掷准练习或者游戏 8. 上肢力量训练
跟进阶段	13. 动作完成后重心向目标跟进，迈步缓冲	是	脚尖未指向出球方向	发力点方向不对，动作技术不完善	语言提醒

表 3–25 上手掷球动作技术分析

准备阶段		观察阶段		评估诊断	干预手段
阶段	动作要点	呈现与否	观察记录		
准备阶段	（以右手投球为例） 1. 两脚前后站立，左脚在前 2. 背部挺直 3. 瞄准目标 4. 两臂自然下垂在身体两侧 5. 右手持球	是 否 是 否 是	1. 背部放松 2. 两臂弯曲，紧张	1. 不清楚下一步掷球的发力要点，背部肌肉紧张不起来 2. 马上要开始掷球，精神兴奋、紧张，两臂不能放松	1. 正确动作示范、讲解、语言引导 2. 手把手让对方背部挺直，两臂放松
执行阶段	6. 动作开始，向右转动身体，使左肩正对投掷方向 7. 左手架肘，指向目标方向 8. 右手向后和向上移动，肘关节呈 L 形 9. 投球瞬间，身体向左旋转带动身体面向投掷方向 10. 同时右臂经上向前画弧，将球掷出 11. 出球点与肩齐平 12. 球出手时五指伸长，带动手肘延长，将球推送出 13. 同时重心向左脚移动，右脚向前迈一步 14. 左手臂后摆带动发力	否 否 否 否 是 是 是 是 否	1. 直接右臂向后引臂 2. 没有身体转动动作 3. 肘关节过低，没有经上画弧的动作 4. 肘关节角度太大或太小，没有呈 L 形 5. 投球时出手角度过低或者过高 6. 没有推送延长手肘的动作 7. 左臂没有发力	1. 不清楚身体先向右转动再向左转动时对掷球力量的影响作用 2. 不会掷球的鞭打动作 3. 投球时准确的出手角度和出手时机不清楚 4. 投球后没有推送和延伸动作 5. 不清楚掷球时左臂起到的带动、协调、配合、平衡的作用	1. 正确动作示范、讲解 2. 慢动作分解练习 3. 教师提醒纠正 4. 用毛巾或者其他相关物品替代，练习上手投掷的鞭打动作 5. 投掷练习的距离从近到远逐渐加大 6. 上下肢协调配合，蹬地转身的力量要充分调动
跟进阶段	15. 右臂掷球后，手臂向身体左侧继续随挥，保持身体平衡	否	1. 投球完成后支撑脚重心不稳 2. 鞭打动作没有做完	1. 不清楚鞭打动作的完整动作 2. 重心太高；下肢力量薄弱	1. 锻炼支撑脚腿部力量和稳定性 2. 练习随挥动作

（三）游泳类项目技术动作分析

1. 仰泳

表 3-26 仰泳动作技术分析

准备阶段		观察阶段		评估诊断	干预手段
阶段	动作要点	呈现与否	观察记录		
准备阶段	1. 使身体仰卧于水中 2. 手臂置于身体两侧 3. 双腿自然伸直 4. 眼睛目视正上方 5. 头部保持稳定	是 是 否 是 否	1. 双腿屈膝 2. 头部有左右晃动	1. 腰腹部力量不足 2. 头部、颈部过于紧张，发力过度 3. 动作不协调	1. 进行腰腹力量训练 2. 在水中时，通过语言干预，提醒头颈部放松
执行阶段	6. 抬起主控臂，大拇指先出水 7. 移动主控臂 8. 身体做一个弧形运动 9. 保持手指直指天空 10. 旋转身体 11. 手臂移动至耳朵，小拇指先入水 12. 移动手掌，使前臂朝脚方向，并且手肘略微弯曲 13. 把手肘拉至腰部 14. 抬起另一只手臂，大拇指先出水 15. 移动手臂越过身体，做一个弧形运动，保持手指直指天空 16. 旋转身体 17. 手臂移动至耳朵，小拇指先入水 18. 移动手掌，使前臂朝脚方向，并且手肘略微弯曲 19. 把手肘拉至腰部 20. 双脚浅打水	否 是 是 是 否 否 否 是 否 否 是 否 否 是 否 是	1. 抬起主控臂，中指先出水 2. 手指指向身体侧前方 3. 中指先入水 4. 手肘伸直 5. 双脚置于水下打水 6. 侧转身体	1. 动作概念不清晰 2. 身体协调性不够 3. 肩关节灵活性不够 4. 手臂过于紧张	1. 详细了解仰泳的动作技术、动作要领 2. 原地站立或仰卧于凳上，做仰泳臂划水的模仿练习 3. 下水前要在地面上做一些转肩辅助性练习 4. 坐池边做两腿直立下压，屈膝上提的模仿练习 5. 双手抓池槽做仰卧打腿的练习

2. 蛙泳

表 3–27 蛙泳动作技术分析

准备阶段		观察阶段		评估诊断	干预手段
阶段	动作要点	呈现与否	观察记录		
准备阶段	1. 身体水平俯卧于水中 2. 在身体正前方移动手臂 3. 双腿自然伸直，并拢	否 否 是	1. 身体俯卧于水中，躯干过于靠下 2. 手臂在身体侧前方移动 3. 双腿自然伸直	1. 动作概念不清晰 2. 腰腹力量不足，收紧后身体不能保持水平	1. 进行腰腹力量练习，锻炼背部肌肉力量 2. 理解并体会仰泳的动作技术概念
执行阶段	4. 两臂向两侧划水，形成一个约 45 度对角线 5. 手臂外翻，手掌压住水 6. 肘关节伸直 7. 继续向怀中压臂，将手肘拉到身体两侧 8. 双手在胸前合拢，肘关节向外 9. 抬起头、脖子和上胸出水面呼吸 10. 弯曲膝盖 11. 向臀部方向同时收双腿 12. 双脚外翻，向两侧用力蹬伸，用双脚画一个圆形 13. 两腿充分伸直并夹水 14. 手臂和腿部动作同时进行 15. 上下肢动作做完后同时伸出手臂和双腿滑行	是 是 是 否 否 否 是 否 是 是 是 是	1. 手臂分开太大 2. 划水时掌心向外侧下方并稍微勾手腕 3. 没有夹臂压水的动作，只有向外划水的动作 4. 双手在头部下方合拢 5. 收腿时，小腿与臀部有一定距离 6. 蹬腿时脚没有外翻 7. 两腿夹角太小，没有充分向两侧蹬伸 8. 上下肢配合不协调，上肢动作和下肢动作脱节	1. 动作概念不清晰 2. 不能做出手臂外翻、划水、压水、抱水的连贯动作 3. 不能做出收腿、双脚外翻、向外蹬腿、向内夹水的连贯动作 4. 上下肢动作不协调 5. 在水中没有充分吐气 6. 呼吸与身体动作不能协调配合	1. 站立，先做手臂的翻、划、压、抱动作 2. 坐在池边，上体稍后仰、双臂斜后撑，做收腿、翻脚、蹬夹腿的动作模仿练习，体会“慢收快蹬”要点，自我观察收、翻、蹬、夹的动作是否正确 3. 俯卧在凳上，做上下肢的模仿练习。重点体会上下肢协调配合的动作路线与节奏 4. 扶池边和池槽，在水中俯卧，做收、翻、蹬、夹腿的模仿练习。体会翻脚和弧形蹬夹手的动作 5. 上下肢协调配合。练习时，可要求在做腿部完整动作模仿练习时，在翻脚后稍停顿，体会翻脚动作的本体感受，加强翻脚意识

续表

准备阶段		观察阶段		评估诊断	干预手段
阶段	动作要点	呈现与否	观察记录		
					6. 强调腰部肌肉适度紧张，保持身体平卧水面，积极收小腿，少收大腿 7. 配合呼吸，手脚动作一起进行陆上和水下的练习
跟进阶段	16. 在水中充分放松吐气，漂浮滑行，为下一次动作做准备	是			

3. 蝶泳

表 3-28　蝶泳动作技术分析

准备阶段		观察阶段		评估诊断	干预手段
阶段	动作要点	呈现与否	观察记录		
准备阶段	1. 身体水平俯卧于水中 2. 在身体正前方移动手臂 3. 双腿自然伸直并拢	否 否 是	1. 身体俯卧于水中，躯干过于靠下 2. 手臂在身体侧前方移动 3. 双腿自然伸直	1. 动作概念不清晰 2. 腰腹力量不够，收紧后身体不能保持水平	1. 腹肌力量训练 2. 加强漂浮练习
执行阶段	4. 完成入水后，手臂外旋，掌心逐渐转为向后 5. 手臂逐渐向外、再向后、再向下抱水 6. 完成抱水后，双臂慢慢划水至肩部下方，再继续往下划水至腹部下方 7. 双手快要碰触	否 否 否 是	1. 手臂没有外旋 2. 双臂向外划水时分的角度过大 3. 没有下压抱水的动作 4. 划水后没有向后推水延伸的动作	1. 不知道如何抱水 2. 过于注意划水而忽视抱水 3. 入水、抱水、划水、推水、出水、移臂的动作不能协调连贯 4. 压水的力度不够	1. 完整动作演示 2. 分解动作视频讲解 3. 手部动作分步骤练习和完整练习 4. 长凳上俯卧练习，手臂和腿部协调练习

续表

准备阶段		观察阶段		评估诊断	干预手段
阶段	动作要点	呈现与否	观察记录		
	8. 完成划水之后，双手逐渐向后推水，然后再向上，掌心由外逐渐转为向后侧方，向外弧形划水 9. 推水没结束前，双肘已经往上提，掌心向外后侧，借助推水的惯性，自然提肘出水面 10. 出水后吸气，同时双臂内旋，前臂带动手掌出水，掌心向上 11. 双臂由身体内侧向外侧摆动并向前画弧移臂 12. 双腿做海豚踢，上下打腿，双腿并拢，双脚成“内八字”，双腿动作同时进行	否 是 否 是 是	5. 出水后没有及时提拉肘关节 6. 向前移臂时没有翻腕，掌心向内 7. 双臂向前摆动的速度较慢 8. 双腿打水动作不一致	5. 不能很好地利用力的惯性 6. 上下肢配合不协调 7. 上肢和腿部力量不足	5. 下水后站立式练习手臂各项动作 6. 手把手对动作进行纠正 7. 上下肢动作配合练习 8. 小提示提醒动作要点 9. 用专门的训练器械进行训练
跟进阶段					

4. 爬泳

表 3-29　自由泳动作技术分析

准备阶段		观察阶段		评估诊断	干预手段
阶段	动作要点	呈现与否	观察记录		
准备阶段	1. 身体俯卧于水面上 2. 头部居中并向前倾斜约 45 度 3. 眼睛集中在游泳池的底部 4. 主控臂在一侧 5. 另一只手臂伸直方向相反	是 否 是 是 是	身体不能保持平衡	1. 动作概念不清晰 2. 头颈部过于紧张	1. 语言引导 2. 手把手辅助

续表

准备阶段		观察阶段		评估诊断	干预手段
阶段	动作要点	呈现与否	观察记录		
执行阶段	6. 右手（主导）手臂从水中移开 7. 手肘弯曲，指向天花板 8. 展右臂向前伸展 9. 五指并拢 10. 手型是用手轻轻握住一个“杯子” 11. 向前和向下转动右肩 12. 扭转和旋转身体到右侧约 120 度 13. 将对面的手臂向下拉到水面，直到与身体平行 14. 将手“拉”在水面上然后退出，将手向内朝向肚脐向外伸出并由臀部向外伸出 15. 将左臂从水中抬起 16. 手肘弯曲并指向天花板 17. 伸展左臂向前伸展 18. 五指并拢 19. 向前和向下转动左肩 20. 扭转并将主体转向左侧约 120 度 21. 将对面的手臂向下拉到水面，直到与身体平行 22. 将左手向内拉向肚脐，然后将手拉向水面上，然后结束 23. 右臂伸出水面 24. 肘关节弯曲并指向天花板	是 否 是 否 否 是 否 否 否 是 否 否 是 是 是 否 是 否 是	1. 自由泳中双手做反向运动 2. 划水手再入水时过于朝向身体内侧 3. “S”形水底划水 4. 向前伸的手（非划水手）在前伸的过程中与水平面相平 5. 仅仅依靠脚打水推动身体 6. 呼气吸气时没有完全排尽肺里的气	1. 动作概念不清晰 2. 打腿时两脚是前后抖动。在水中会形成出水，双脚像踩脚踏车一样 3. 打水时勾着脚。这主要因为过分紧张，踝关节没有得到放松 4. 呼吸技术掌握不好，是因为怕呛水造成的。因为抬头吸气会破坏身体在水中的平衡，严重的会导致腿部下沉，所以吸气时抬头会大大影响游速，降低游进的效果 5. 对划水的动作要领不清楚或者没有熟练掌握，错误的要点是划水时肘部下沉，也叫肘部下塌；使手掌和前臂没有充分对准水，造成划水的效率大大降低，影响了前进的速度	1. 双手放在浮板上，用直腿打水的方式矫正 2. 打腿的时候可以要求绷直脚尖，但是时间不宜太长，否则容易抽筋 3. 通过水中站立或者行走进行划臂加转头呼吸练习，重点体会转头的呼吸要领，加强呼吸练习，熟练后再进行水中侧身打腿加呼吸练习，熟练后再进行单臂划臂加呼吸练习，熟练后再进行水中整体配合练习直到熟练为止 4. 通过陆上模仿划臂练习，重点体会和明白高肘动作的要领；熟练后再进行水中整体配合练习，直到熟练为止 5. 通过陆上模仿练习来改进入水点的距离和入水时肘部的角度，认真仔细体会入水技术环节的动作要领；熟练之

续表

准备阶段		观察阶段		评估诊断	干预手段
阶段	动作要点	呈现与否	观察记录		
	25. 将耳朵贴在左肩上，将脸颊放在水中 26. 用嘴呼吸 27. 在水下通过鼻子呼出所有空气 28. 指向脚趾 29. 在水面下方颤动打腿	否 是 是 否 是		6. 肘部弯曲角度过大，从而造成距离头部过近 7. 在水中没有充分将肺里的气吐完 8. 上下肢动作与呼吸不能协调配合	后再进行水中站立或行走，练习入水的技术环节动作要领直到熟练；熟练后才能在水中游进中重点体会入水的技术环节并且做到熟练为止
跟进阶段					

参考文献

[1] 田麦久. 运动训练学 [M]. 北京：高等教育出版社，2017：111-115.

[2] 龚坚，张新. 体育教育学 [M]. 重庆：西南师范大学出版社，2006：93-96.

[3] Knudson D. V. & Morrison C. S. Qualitative analysis of human movement [M]. Champaign IL: Human Kinetics，2002.

第四章 CHAPTER 04 运动生物力学原理及其在技术动作分析中和错误动作纠正中的应用

运动生物力学是以机能解剖学、运动生理学和力学的理论与方法，研究人体运动器系的生物学特征和人体运动的力学规律及运动器械机械力学规律的学科。狭义的运动生物力学研究体育运动中人体的运动规律。运动生物力学在研究的形式上，可分为理论研究方法和实验研究方法两大类，实验研究方法又分为实验室测量法和运动测量法。

人体的运动包括日常生活活动、竞技运动、健身锻炼和康复练习等。运动生物力学是要从力学的角度来研究、认识这些运动的规律性，应用相关的力学参数和原理，分析动作、总结规律、指导运动实践。分析人体动作时，经常用到的力学参数和原理，可以分为运动学、动力学、静力学和转动力学。

第一节　人体运动的运动学参数

任何物体的机械运动都是在一定的空间和时间中进行的，人体和器械的运动也不例外。

物体的运动在空间和时间等方面所表现出的差异特征称为运动学特征。如物体运动的轨迹、路程、位移、角度、角位移等所描述的参数即为空间特征。物体运动的先后次序、延续时间等特点即所谓时间特征。运动学特征还包括速度、加速度和角速度、角加速度这一类派生的时空特性。运动学的任务就是通过这些时空参数，描述和研究人体、器械的位置随时间变化的规律或在运动过程中所经过的轨迹、位置等。

人体运动的运动学研究是以经典牛顿力学原理为基础的。在研究人体运动时，为了突出主要矛盾，需要把人体和器械进行简化处理，即近似地看成质点（具有质量，但可忽略其大小、形状和内部结构而视为几何点的物体，由实际物体抽象出来的力学简化模型）或刚体（由相互间距离始终保持不变的许多支点组成的连续体，由实际物体抽象出来的力学简化模型）。在运动生物力学中，还经常把人体简化为一个由躯干、头、手臂、腿等多个环节组成的多刚体系统。但人体的运动有别于非生命体，在研究人体运动时，应尽可能地考虑人的生命特征。这样，才能真正地研究人体的运动。①

一、人体运动的空间参数

（一）位置矢量

当我们把人体或器械简化为质点 M 时，用位置矢量来描述其位置，即由坐标原点引向质点所在处的有向线段，通常用 r 表示，简称位矢或矢径。在直角坐标系中

$$r = xi + yj + zk$$

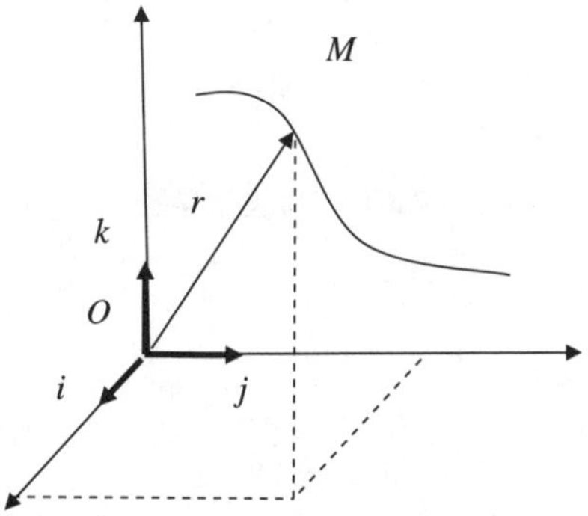

图 4-1　位置矢量图

（二）轨迹 · 路程 · 位移

1. 轨迹

轨迹即质点运动的路径。

①钱竞光，宋雅伟．运动康复生物力学［M］．北京：人民体育出版社，2015.

当我们把人体或器械简化为质点来描述其运动时，把代表人体的质点在一定时间内用位置矢量确定的矢端点连接起来，就是人体或器械某质点的运动轨迹。

例如，学生在操场直线跑道上做跑步训练，把学生作为质点，那么学生的运动轨迹为近似直线运动。

2. 路程 · 位移

路程和位移是用来描述物体运动范围的参数。

（1）路程

即指物体从一个位置移到另一个位置的实际路线的长度，是质点在空间运动所经历的轨迹的全长，恒为正，用符号 Δs 表示。路程的大小与质点运动的轨迹形状有关，与质点在其间往返的次数有关。路程只有数值的大小，没有方向，是标量。

如上所述，篮球训练中，篮球的运动轨迹全长即为路程。

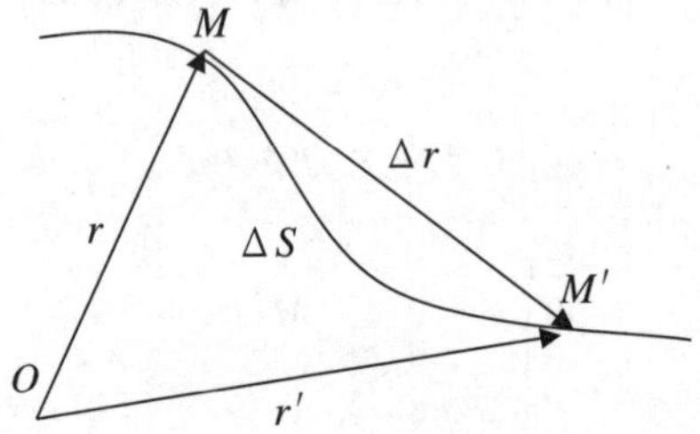

图 4-2　轨迹位移图

（2）位移

由起始位置（M）指向终止位置（M'）的有向线段，就是位矢 r 的增量 Δr，即

$$\Delta r = r' - r$$

位移是矢量，只与始、末位置有关，与质点运动的轨迹及质点在其往返的次数无关。其大小等于质点运动的始点到终点的直线距离，其方向由始点指向终点。

例如，学生在 400 米田径赛道上跑一圈，从起点到终点，位移为零，路程为 400 米。在体育训练中，人们常常关心的是运动员实际通过的路程和经历的时间，而不太关心其位移的多少。有的运动中的路程是固定的，其运动方向也是事先规定了的。

（三）人体运动的空间特征参数

空间特征，仅反映物体运动在空间上面的一些特点，而与时间的具体数值没有直接关系。例如，以跑为例，包括整个动作或动作各阶段始末的位置坐标、环节或关节的角度、重心的运动轨迹、各阶段重心发生的位移等。文献资料中常出现的空间特征有：着地角（着地时支撑点与重心连线与水平线所夹的锐角）、离地角（离地前一刻支撑点与重心连线与水平线所夹的锐角）、单步步长、着地距离（着地点离重心的水平距离）、后蹬距离（离地时支撑点与重心之间的水平距离）、腾空距离（腾空时重心前移的距离）。对各种人体的运动都可以通过不同的空间特征参数加以描述和评价。

二、人体运动的时空参数

包括人体运动的速度和加速度。

（一）速率和速度

人体运动时，其位置发生变化常有快慢之分。在力学上，一般用速率和速度来反映运动的快慢程度。

1. 速率

速率是路程与通过这段路程所经历的时间之比。

在这段时间内的平均速率

$$\bar{v} = \frac{\Delta s}{\Delta t}$$

2. 速度

速度是位移与通过这段位移所经历的时间之比。

在这段时间内的平均速度

$$\bar{v} = \frac{\Delta r}{\Delta t}$$

3. 瞬时速度

人体或物体在某一时刻或通过运动轨迹上某一点的速度称为瞬时速度，又叫即时速度。用速度矢来描述其运动的快慢程度和方向，动点的速度矢等于它的矢径 r 对时间的一阶导数：

$$v = \frac{\mathrm{d}r}{\mathrm{d}t}$$

在直角坐标系中

$$v = \frac{\mathrm{d}x}{\mathrm{d}t}i + \frac{\mathrm{d}y}{\mathrm{d}t}j + \frac{\mathrm{d}z}{\mathrm{d}t}k = v_x i + v_y j + v_z k$$

式中 $v_x = \frac{\mathrm{d}x}{\mathrm{d}t}$，$v_y = \frac{\mathrm{d}y}{\mathrm{d}t}$，$v_z = \frac{\mathrm{d}z}{\mathrm{d}t}$，分别称为速度在 x 轴、y 轴、z 轴的分量。

速率只反映运动体在某时间内运动的快慢，而不论其运动的方向；速度不仅反映运动体在某时间内运动的快慢，而且还表明了运动体的运动方向。故两者的区别在于速率是标量，而速度是矢量。

在体育实践中，经常提到的初速度、末速度都是瞬时速度。应该注意的是，初速度和末速度是相对而言的，随着研究问题的不同而命名上有所变化。

在体育训练中，在描述人体运动时，一般采用的是平均速率。事实上不少人习惯于把平均速率当成平均速度使用。因此，在采用这两个物理量描述运动时，要根据问题的具体情况具体分析。如短跑运动员苏炳添在 2018 年国际田联马德里挑战赛中，以 9 秒 91 的成绩获得百米冠军，这场比赛中苏炳添的平均成绩约为 10.1 米/秒。

（二）加速度

在变速运动中，速度是变化的，研究速度的变化规律时，要采用描述速度变化快慢的物理量——加速度。

1. 加速度

即速度的增加量与增加这个速度所经历的时间之比。

在这段时间内的平均加速度

$$\bar{a} = \frac{\Delta v}{\Delta t}$$

2. 瞬时加速度

瞬时加速度是速度矢对时间的变化率，也是矢量，描述了速度大小和方向的变化，动点的加速度矢等于该点的速度矢对时间的一阶导数，或者等于矢径 r 对时间的二阶导数：

$$a = \frac{dv}{dt} = \frac{d^2 t}{d t^2}$$

加速度的单位是“米/秒²”，方向沿速度矢端曲线的切线（把不同瞬时的速度矢平移到 O 点可得矢端曲线）。

在直角坐标系中

$$a = \frac{dv_x}{dt}i + \frac{d v_y}{dt}j + \frac{d v_z}{dt}k = \frac{d^2 x}{d t^2}i + \frac{d^2 y}{d t^2}j + \frac{d^2 z}{d t^2}k = a_x i + a_y j + a_z k$$

式中，$a_x = \frac{d v_x}{dt} = \frac{d^2 x}{dt^2}$，$a_y = \frac{d v_y}{dt} = \frac{d^2 y}{d t^2}$，$a_z = \frac{d v_z}{dt} = \frac{d^2 z}{d t^2}$，分别称为在 x 轴、y 轴、z 轴的分量。

人体运动过程中的加速度值可以是正值 、零值或负值，这三种情况，反映了运动的性质：取向右为坐标轴的正向，如果 $V_1 > 0$，$V_2 > 0$。

当 $V_2 > V_1$ 时，这表明运动速度增大，$a > 0$。加速度与速度同向，为加速运动。

当 $V_2 = V_1$ 时，这表明运动速度不变，$a = 0$。

当 $V_2 < V_1$ 时，这表明运动速度减小，$a < 0$，加速度与速度反向，为减速运动。

加速度也是运动训练的重要指标。例如，运动员在短跑训练过程中，离开起点跑步就是一个加速度过程，然后是一个匀速过程，到达终点后是一个减速过程（如 400 米跑，自行车上坡、下坡骑行）。通过对这些参数指标的分析，配合以合理的训练计划，可以有效地提高运动员的跑步成绩。

（三）人体运动的时空特征参数

1. 时间特征参数

时间特征仅反映物体运动与时间的关系，并不牵涉空间的概念。运动何时开始、何时结束（时刻）、运动持续多久（持续时间）、运动的频率、动作的时间结构（节律）等。对于跑而言，文献资料中常出现的时间特征有：单步步频（单位时间里所跑的步数，单位是赫兹，Hz）、单步时间（它与单步步频互为倒数）、支撑时间、腾空时间、前支撑时间、后支撑时间、缓冲时间、蹬伸时间、单步时间节律、支撑时间节律等。

所谓运动的“节律”是指动作各阶段持续时间之比，反映动作各个阶段在时间上的相互关系。例如，单步时间节律是支撑时间与腾空时间之比；支撑时间节律是前支撑时间与后支撑时间或者是缓冲时间与蹬伸时间之比。

2. 时空特征参数

时空特征参数是人体（包括人体的某一部分）在空间位置随时间变化的快慢，即速度（或称运动状态），以及运动状态随时间的变化，即加速度。对于跑而言，文献资料中常出现的时间特征有：单步的平均速度、起跑中的最大加速度、起跑结束时的速度、前支撑阶段的速度损失、摆动腿摆动的角速度等。

三、人体运动的形式

人体运动的形式是多种多样的。把人体简化为质量集中在质心的质点，按质点运动的轨迹可分为直线运动和曲线运动。

（一）直线运动和曲线运动

1. 直线运动

（1）匀速直线运动

质点始终在一条直线上运动，而且在任何相等的时间内通过的路程都相等。例如人体的步行、匀速慢跑等运动，重心运动都可以近似看做匀速直线运动。当然，绝对的直线运动在人体运动中是不存在的。

（2）变速直线运动

当质点在直线运动时，在任意相等的时间内通过的路程不等，如加速跑、减速跑等。

2. 曲线运动

（1）圆周运动

是曲线运动的一种特殊形式，匀速圆周运动是最简单的运动形式，还有速度大小不恒定的变速圆周运动，此外还有螺旋曲线运动等。如链球运动中，链球的运动轨迹为圆周运动，见图 4-3。

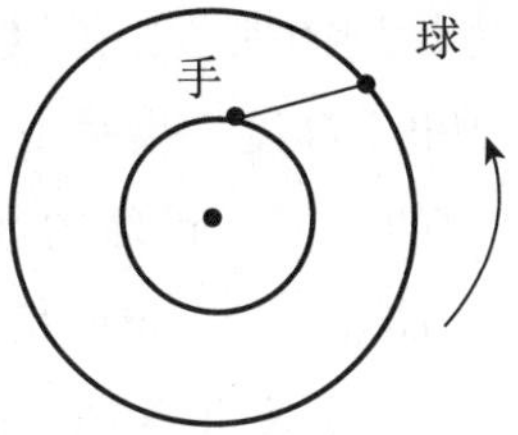

图 4-3　圆周运动

（2）斜抛物体运动

斜向上抛的物体在运动中形成的曲线轨迹是一条抛物线，有时也称弹道曲线，如投掷标枪、投篮，见图 4-4。根据运动独立性原理，可以把斜抛运动看成是做水平方向的匀速直线运动和竖直上抛运动的合运动来处理或沿 V_0 方向的直线运动和自由落体运动的合运动。

斜抛的运动特性主要有：①斜抛运动的轨迹是抛物线；②斜抛运动的加速度是重力加速度，所以斜抛运动是匀变速运动；③斜抛运动具有对称性；④只有重力做功，机械能守恒。

影响斜抛运动的三要素是射程、射高和射时。

射时 T：
$$T=\frac{2\cdot V_0\cdot \sin\theta}{g}$$

射高 H：
$$H=\frac{(V_0\cdot \sin\theta)^2}{2g}$$

射程 R：
$$R=\frac{V_0{}^2\cdot \sin 2\theta}{g}$$

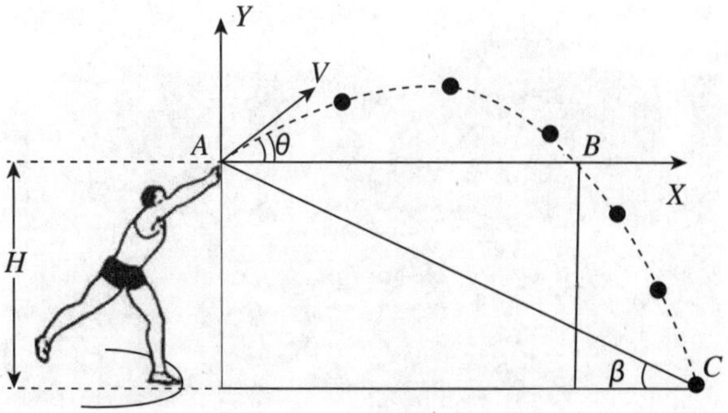

图 4-4　斜抛物体运动

例如，推铅球是一个速度力量型的项目，是以速度为核心的田径投掷项目。影响铅球远度的几个因素，包括出手高度、出手角度及出手的初速度。①出手初速度是指铅球出手瞬间相对地面的速度。铅球的远度取决于铅球出手瞬间的速度。因此，在体育教学与日常的训练中，一定要使运动员保持良好的身体状况，想尽办法增大运动员的肌肉力量，并且要正确地掌握和使用基本技术，从而获得最大的初速度，只有这样才能够取得理想的成绩。②出手角度是出手瞬间抛射物的瞬间速度方向和水平面之间的夹角。当铅球队员的出手高度、出手速度固定时，有一个固定的出手角度能使铅球推出最远的距离，这个出手角度叫做最佳出手角度。它与出手高度和出手速度有关。然而，对于每个运动员来说，都会有不同的最佳出手角度。实践中，世界优秀铅球运动员的出手角度范围在 35~39 度。③出手高度是指铅球出手瞬间距地面的高度。铅球的出手高度，对于每一个运动员来说，一般都具有相对的稳定性，这就主要取决于运动员的身高、臂长以及对这个专项技术的掌握程度。在考虑出手高度时，应该在先考虑出手速度的前提下，再适当地增加出手高度。

（二）平动、转动和复合运动

1. 平动

如果在运动过程中，物体上任意两点的连线保持平行，而且长度不变，那么这种运动就叫做平动。在研究物体平动时可以将物体简化成质点处理。如骑自行车时，躯干可近似地看做平动，见图 4-5。

图 4-5　物体的平动

2. 转动

在运动过程中，如果物体上各点都绕同一直线（即转轴）做圆周运动，这种运动就叫转动，一般简化成刚体来处理。如单杠大回环动作，见图 4–6。

图 4–6 物体的转动

3. 复合运动

人体的运动往往不是单纯的平动和转动，绝大多数的运动包括平动和转动。复合运动分解为重心的平动和转动。坐站训练中，对于整个人体来说，人的动作属于复合运动，既包括平动，又包括转动。骑自行车时，躯干可近似地看做平动，下肢各关节围绕关节轴进行多极转动。

四、运动学参数的特性

根据前面的讨论，我们可以总结出运动学量的几个特性，具体如下。

（一）瞬时性

在体育运动中，速度这个概念是十分重要的，单一地描述速度对有些项目来说还不够，还需要强调速度的瞬时性。

例如，跳远助跑速度是重要的，但更重要的是踏跳时的水平速度，所谓踏跳“时”的水平速度就是瞬时的含义。推铅球、掷铁饼、掷标枪时的出手速度也都是指速度的瞬时性。

（二）矢量性

在空间运动的人体和器械，其运动的方向是重要的。如速度的重要性不仅在于其大小和瞬时性，要取得好的效果在某种意义上还决定于这个量的方向。

例如，短跑后蹬阶段蹬地力的大小和方向将会影响向前运动的速度大小和方向，而速度的大小和方向又将直接影响运动员的成绩。又如器械出手的初速度方向对投掷远度起重要的作用。

（三）相对性

只有确定了坐标系，这些量才有确切的意义，这一性质可概括为“相对性”。因此，在计算人体和器械运动之前，首先应确定参考系（坐标系）。

例如，学生腿上绑沙袋做负重练习跑步，学生对于沙袋来说是静止的，而对于赛道来说，学生是运动的。

（四）独立性

独立性是指物体在空间运动时，在各个方向上独立保持自己运动的性质。它包含在运动的独立性原理之中。运动的独立性原理指宏观物体任何一个方向的运动，都不受其他方向运动的影响，该原理是矢量合成和分解的理论依据，利用它，可使问题分析更加简便。例如，A、B 两个同样的篮球在同一场景，A 做自由落体运动，B 做抛物线运动，B 除受到向下的重力外，还受到水平的推力，但不会因此影响到重力作用，两个篮球会同时落地。

以上四个特性不是孤立的，且往往在同一问题中同时出现。正确理解和掌握这四个特性，对于正确分析、处理运动学问题是非常重要的。

第二节　人体运动的动力学参数

在人体运动的运动学中，我们讨论了如何描述人体或器械在空间和时间上运动状态及其变化的规律，但这仅是一种外部几何性质的现象描述并没有阐明人体运动状态变化的原因。在人体运动过程中，不仅需要掌握各种动作在时间、空间上所表现出来的特征，而且更需要了解产生这些差异的内在原因，即研究人体或器械运动状态变化与引起这些变化的力之间的关系。只有这样，才能有效地确定动作的技术原理和改善运动技术的效果。这就涉及动力学的实际问题。用动力学的参数、原理、定律，分析和解决人体运动中的实际问题，在运动生物力学中占有重要位置。

在分析过程中，仍然把人体简化成质点和刚体，具体分析时要注意其局限性。

动力学研究的任务和内容是解释人体运动状态发生改变的原因，对产生运动进行本质研究。其力学基础是牛顿力学。

一、人体运动中的力

（一）力的概念

人们对力的认识，首先是在日常生活中，从肌肉紧张和疲劳的感觉中形成对力的初步认识。如举起一个重物，手臂肌肉会感到紧张，坚持久了，会感到疲劳，就认为手臂在用力。在生活实践中，人们进一步认识到，力不一定要与感觉联系在一起，不仅人的手可以对物体施力，物体之间也能相互施力。不仅人的手可以举起重物，拴在树上的绳子同样可以悬吊重物。经过长期的生活实践人们认识到，力是物体间的相互作用，力的作用离不开物体。

力作用在物体上产生一定的效应。用力推静止的小车，可使它运动起来；用球拍击球可使球改变运动的快慢和方向；当用力扣球时，不但使球改变了运动状态，而且使球的形状也发生了变化。所以，力的作用可使物体产生加速度和形变，这就是力的作用效应。前者称为外效应，后者称为内效应。影响力的作用效应的因素有力的大小、方向和作用点，称为力的三要素。只要改变其中任一要素，都会使力的作用效应发生改变。因此，在分析问题的时候，确定一个力的效应，必须确定力的三要素。

由于力具有方向性，是矢量，在几何上，可把力表示为一段带箭头的线段。线段的长度表示力的大小，箭头所指的方向表示力的方向，线段的起点代表力的作用点。力的合成与分解遵守平行四边形法则。

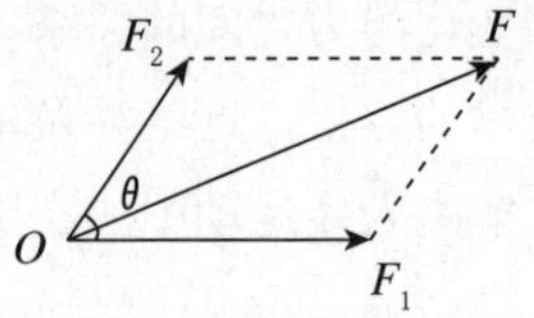

图 4-7　力的方向性

（剪头表示的就是力的方向，F_1、F_2为分力，F为合力，以两分力的线段为邻边作平行四边形，这个平行四边形的对角线方向就是合力的方向）

（二）人体运动的内力与外力

内力与外力的划分与系统的选择有关。若将整个人体作为一个生物力学系统，那么人体内部各部分相互作用的力称为人体的内力。人体的内力一般为肌力、韧带张力、软骨的应力、骨的应力等。其中肌力是人体内力中的主动力，又称可控力。由于内力是系统内各部分之间的作用力，虽可引起系统内部各部分的相对运动，但不能引起整个系统质心的运动。故当人体腾空时只受到重力作用，这时人体内力虽然可以引起身体各环节的运动，做出各种腾空姿势，但不能改变身体总重心的运动轨迹。

当把人体看成一个生物力学系统，那么来自人体外界作用于人体的一切力都称为人体的外力。因此人体运动时所受的重力、支撑反作用力、摩擦力等均属外力。

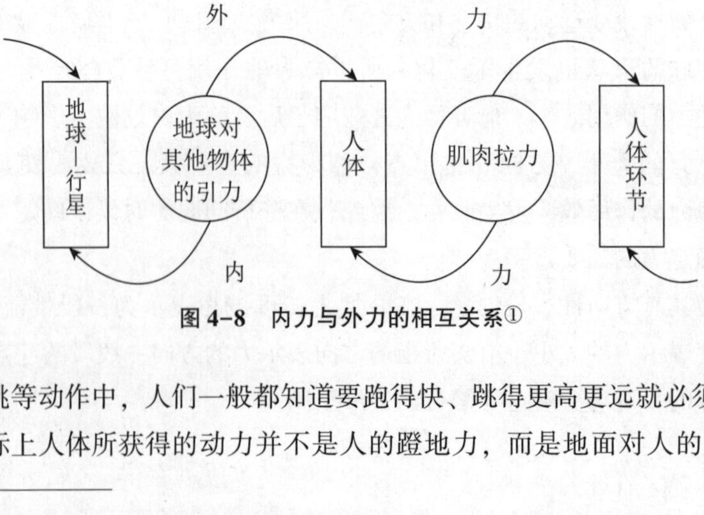

图 4-8　内力与外力的相互关系①

在跑跳等动作中，人们一般都知道要跑得快、跳得更高更远就必须加大蹬地力量，实际上人体所获得的动力并不是人的蹬地力，而是地面对人的反作用力，

①何万龄．摩擦力的理解和应用分析［J］．中学生数理化（高一版），2013（10）：25-26.

这就是人向后下用力而身体向前上方运动的原因。要获得较大的反作用力作为人体运动的动力，必须加大人体的蹬地力，这又取决于人体肌肉活动引起的对地面作用力的大小。肌肉活动是主动的，为了提高人体运动效果，最重要的是提高肌肉收缩的力量（内力），以加大蹬地力，从而得到一个反作用力（外力），使人体的运动状态发生改变。另外，在实践中采取一些措施，利用外部条件在一定程度上也可以提高地面对人体的作用力，例如，在跑鞋鞋底安装鞋钉，起跑时用起跑器等。

（三）人体在运动中所受到的外力

1. 重力

重力是指地球上的物体所受到的地球引力，具有质量的物体之间相互吸引的作用。

$$g=\frac{GM}{R^2}$$

其中，g 为重力加速度，R 为地球半径，M 为质量，G 为万有引力常数。

在地面上的人和物，都不可避免地受到重力的作用。如果物体的质量为 m，则物体所受的重力大小为：$G = mg$。即物体受到的重力与物体的质量成正比。重力的方向与重力加速度的方向一致，垂直于水平面指向地心。重力是一个质量力，它均匀地分布作用在物体上，构成物体的所有质点均受到重力作用，这些重力合力的作用点就是常说的物体重心。

重力的大小也叫重量。物理学中，重量与质量是两个不同的概念。质量是物体内含物质的多少，是惯性大小的量度，是物质本身的属性，其大小不随物体位置的变动而变动，质量越大，运动阻力越大。重量是物体所受地球吸引力的大小，是产生重力加速度的原因，其大小随物体位置的改变而变化，同一物体在不同的纬度或高度上，其重量略微有些不同，距离地心越近，重力越大，如同一名运动员，其在南北极时的重量会比较大，因为他比较靠近地心。

2. 摩擦力

相互接触的两个物体，在接触面上发生的阻碍相对运动或相对运动趋势的相互作用力，称为摩擦力。不同的运动和环境，它会发生相应的改变。物体所受到的摩擦力的方向总是与其运动（趋势）的方向相反。摩擦力分为静摩擦力、滑动摩擦力和滚动摩擦力。

(1) 静摩擦力

相互接触的两物体有相对滑动趋势，而当保持相对静止时，在接触面上产生阻止其出现相对滑动的力，称为静摩擦力。静摩擦力存在一最大限度，称此最大限度的静摩擦力为最大静摩擦力。

$$F_{\max}=f_s \cdot \sigma \cdot d \cdot \pi \cdot h$$

$$F_s=f_sN$$

$$0 \leqslant F_s \leqslant F_{\max}$$

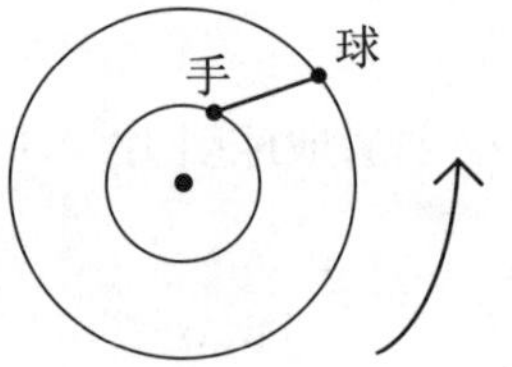

其中，f_s 为静摩擦系数，其大小与接触面的光滑程度及材料的性质有关，N 为相互接触两物体通过相对作用的正压力。最大静摩擦力 $F_{\max}$ 是指一个特定状态，即从相对静止到相对滑动的临界状态下的静摩擦力。一般情况下静摩擦力的数值在 0 与 $F_{\max}$ 之间，最大究竟等于多大，一般应作为未知数，根据静力学或动力学方程求解。

[**案例**] 静摩擦力在体育运动中应用广泛，例如在体育课上的爬杆运动中，手要用力紧握爬杆，其目的是通过增大正压力来增大静摩擦力，从而能顺利完成动作。在铅球项目中，投掷时，铅球和手之间就存在静摩擦力作用，但为了提高动作的稳定程度，往往双手涂镁粉来增大摩擦系数从而提高静摩擦力，更利于动作完成。采用橡胶跑道，也是为了增大摩擦力。

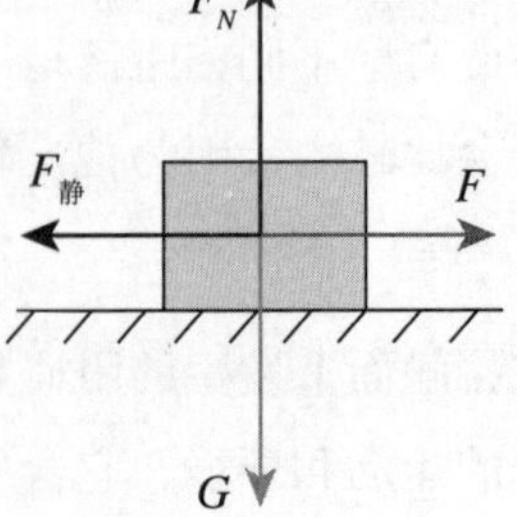

图 4-9 静摩擦力

(静止的木块受到重力 G，支持力 F_N，拉力 F，静摩擦力 $F_{静}$)

（2）滑动摩擦力①②

当两个物体相互接触并发生相对滑动时，物体的接触面上产生阻碍物体相对滑动的力，称为滑动摩擦力。物体所受滑动摩擦力，沿接触面的切向，指向与该物的相对滑动方向相反。

$$F_k = f_k N$$

其中，f_k为滑动摩擦系数，其大小由物体性质和接触面状况决定，N 为相互接触两物体之间的正压力。

由上述可知，改变摩擦力的大小，有两种途径：一是改变两物体间的正压力；二是改变接触面性质以改变摩擦系数。

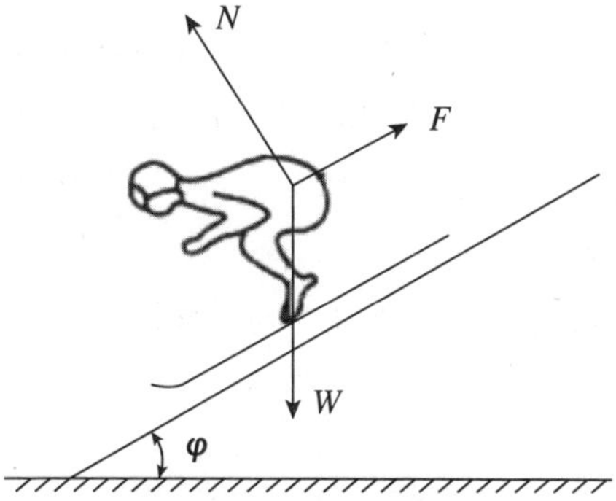

图 4-10 滑动摩擦力

（W 为重力，N 为支持力，F 为滑动摩擦力）

[案例] 在滑冰项目中，滑冰运动员在比赛前磨冰刀，在滑雪板上涂上润滑油等，都是为了减少摩擦力，以便取得优异成绩。

（3）滚动摩擦力

当物体（球、轮子）表面有滚动趋势时的力。

[案例] 在自行车项目中，主动轮所受的静摩擦力是推动自行车前进的动力。而被动轮所受的静摩擦力则是阻碍自行车前进的滚动摩擦力。

①刘筱玲，陈国平．理论力学［M］．重庆：重庆大学出版社，2018.
②王明奇．力学知识在体育运动中的应用研究［J］．中学物理教学参考，2018，47（8）：48-49.

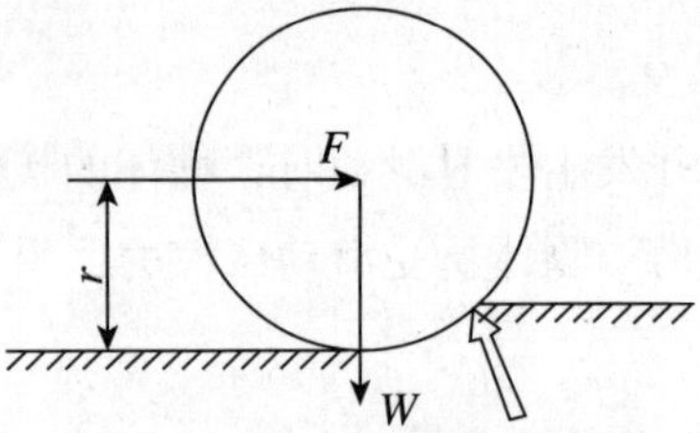

图 4-11　滚动摩擦力

（滚动摩擦力除与正向压力的大小和滚动摩擦系数有关外，还与滚动物体的半径r有关，即滚动半径越大，滚动摩擦力越小）

3. 弹性力

发生形变的物体，要恢复原来的形状而作用在与它相接触的物体上的力，叫做弹性力。所以弹性力发生在直接接触的物体之间，并以物体发生形变为先决条件。如在人体作用下跳水跳板、撑竿跳高中的弹性竿、体操中的杠（单杠、双杠及高低杠）等体育器械都会发生一定的形变。产生的弹性力可作用在人体上，加大人体运动的速度或动作幅度。

实验证明，在弹性限度内，弹性力 F 与弹性形变（伸长或缩短）x 成正比：

$$F=k \cdot x$$

图 4-12　弹簧的弹性力

弹力的方向与形变方向相反，此规律叫做虎克定律。公式中 k 叫做倔强系数，其大小与弹性物体的材料及形状有关，其单位为“牛顿/米”。x 的单位为米，F 的单位为牛顿。

弹性力在人体运动过程中有很重要的作用，人体肌肉、肌腱、筋膜都具有弹性，在肌肉收缩前被拉长，收缩时弹性力释放出来参与收缩过程。当肢体做屈伸或伸展运动时，其相反方向的组织包括皮肤、皮下组织、肌肉、筋膜、关节囊等均受到牵拉，由于这些组织存在弹性张力或黏滞性，可以产生各种阻力，其中最重要的是拮抗肌的张力，此时必须做相应的松弛，否则将明显限制肢体的运动。

在体育运动中，还可以借助器械的弹性力来提高运动成绩，如体操单杠的“振浪”动作、撑竿跳高的“尼龙竿”技术等。

4. 肌肉力

肌肉与其他生物材料不同，肌肉能利用化学能做机械功。人体的运动是由肌肉力支配的。肌肉由大量纤维组成，当肌肉兴奋时收缩，肌肉收缩产生肌张力，并在腱的附着点产生对骨的拉力，从而使肢体产生运动或保持一定的身体姿势。

决定肌肉力的因素是多方面的，它既与生理条件、解剖条件有关，也与力学条件有关。这里，只就解剖学和力学方面予以初步讨论。

肌肉在运动器官中的作用，表现为肌肉的收缩力，它有使肌肉两端彼此接近的趋势。一块肌肉全部肌纤维收缩的力的合力就是这块肌肉的拉力。这个合力应有一定的大小、方向和作用点。它们与肌纤维的数量、排列位置和走向有关。

例如短跑运动员，大腿前后肌群比，应该在 1.0 左右，即伸肌群和屈肌群的力量基本相当。但我们在实际测量中发现有不少运动员股后肌群力量明显偏小，在训练和比赛中，很容易造成股后肌群拉伤，对这些运动员预防损伤的运动处方就是加强股后肌群的力量训练。

肌肉力的大小、方向与其构造有关，构造最简单的梭形肌其肌纤维与肌肉的纵轴近似平行排列，生理横断面与解剖横断面相同［图 4-13（a）］。梭形肌力的方向沿着肌肉的纵轴，作用点位于肌肉的抵止点。扇形肌的肌纤维相交于一点，其生理横断面与解剖横断面不一致［图 4-13（b）］。根据力的平行四边形定律，把每条肌纤维的拉力相加，可以确定扇形肌力的方向应沿着扇形角的平分线，作用点位于抵止面的中心。羽状肌的肌纤维分为两组，每组肌纤维自行平行，而两组肌纤维成一定的角度，其生理横断面要比解剖横断面大得多［图 4-13（c）］。同样，根据力的平行四边形定律，可以求出羽状肌力的方向应沿着肌肉的纵轴，作用点位于纵轴上的抵止点。半羽状肌的肌纤维是平行排列的，但与肌腱成一定角度，其生理横断面也大于解剖横断面［图 4-13（d）］。半羽状肌力的方向与肌纤维平行，作用点位于抵止面的中心。

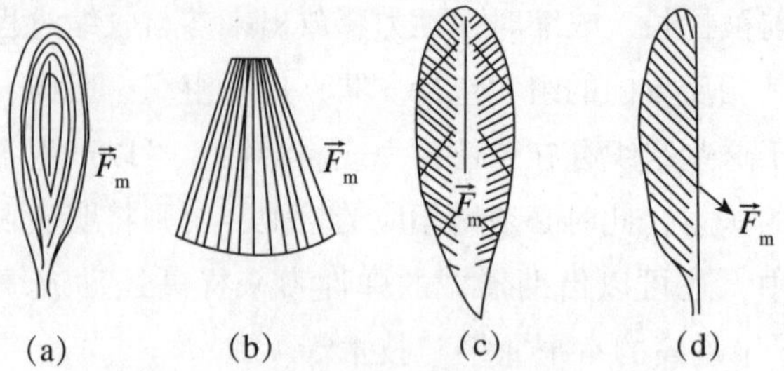

图 4-13 肌纤维与肌肉的纵轴方向图

可见，在体积相同的情况下，羽状肌比梭形肌的肌力大得多。然而，肌纤维短，收缩的幅度就小，因而产生的肢体运动不灵活。羽状肌多分布于运动力量大的下肢，而梭形肌多分布于活动灵巧的上肢。这些特点也是功能适应性决定的。

二、牛顿运动定律及其应用

牛顿定律只适用于质点模型，只在惯性系中成立，只在低速（$v \ll c$）宏观的条件下适用。

（一）牛顿第一运动定律及其应用

牛顿第一定律又称惯性定律，是指任何物体，在不受外力作用时，都保持静止状态或匀速直线运动状态。

惯性：物体具有保持其原有“运动状态”的性质，即维持物体运动的方向和速度。运动员的惯性质量会阻抗加速度，质量越大惯性越大。如飞镖脱手后继续运动；跳远时利用助跑，取得最佳的成绩；投掷铅球时，铅球离开手后继续运动。

行驶中的汽车紧急刹车时，由于惯性作用，人体仍会向前滑行，当冲击力较大时，为保护人体安全，气囊便会弹出。

1. 牛顿第一定律在体育运动中的应用

任何物体若不受外力的作用（或受的合外力为零）时，将保持静止或匀速直线运动，直到有外力作用改变其运动状态为止。惯性不仅仅限于静止的物体，运动着的物体同样具有惯性。惯性大小用物体的质量来量度，物体的质量越大，其惯性就越大。保持一定的速度比改变速度要容易、省力得多。牛顿第一定律指出，任何物体都有惯性，运动无需力来维持，力是改变物体运动状态的原因。如在跳高项目中往往需要助跑，其目的是为了提高速度，增加动力，因而这种惯性作用具有很大的促进力，可以使其跳得更高；在百米冲刺时，到终点往往很难停住；踢足球铲球时，往往容易摔倒。

2. 运用牛顿第一定律注意事项

体育运动中很多动作都是借助惯性来完成的，巧妙地利用惯性，不但可省力，减少能量消耗，而且可以使肌肉得到间隙地放松，减少运动中的疲劳。因此，在运动中应注意以下几点。

（1）注意动作的连贯性

特别注意动作的连贯性，尽可能避免频繁地改变运动速度，以减少不必要的负荷。如在马拉松运动过程中时快时慢，则在每次加速启动时身体各器官系统就要额外多消耗能量。我们知道，任何物体都具有一种惰性，因此物体从静止到运动是困难的，但当物体获得一个速度后，就要保持这个速度运动下去，动作中途停顿，则会加大动作的难度，甚至导致动作的失败。因此，运动中保持用力的连惯性和动作的连续性是很重要的。在举重项目中，在上举杠铃时需要注意用大力气把握杠铃的运动状态，即克服静止状态使之进入运动状态，杠铃进入运动状态时，要求运动员保持举杠铃的连贯性，中途稍有停顿，动作就无法完成，这些都是惯性所致。

图 4-14 上举杠铃

（2）注意肌肉用力的顺序

任何一个动作都是连续用力克服负荷的过程，如何调动人体的肌肉使之按一定的顺序工作是十分重要的。研究表明，大块肌肉先用力，以克服物体的惰性，便于启动；在此基础上，中等肌肉紧接着发力，使物体进一步加速；小块肌肉最后发力，一方面是增加动力，而更主要的是控制物体的运动方向。按照这样的大—中—小原则是很科学的。如推铅球过程中，肱三头肌、肱二头肌、肱肌、胸大肌以及前臂肌肉之间紧密相连，先后发力，使得技术动作连贯完整。

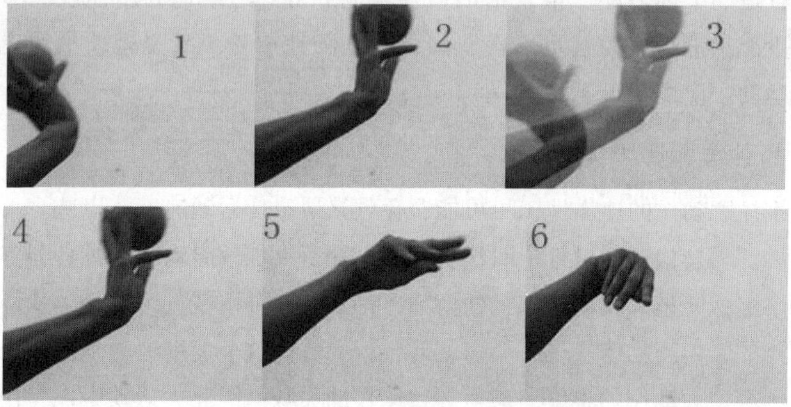

图 4-15　推铅球的发力顺序

（3）采用最适宜的速度完成运动项目

在长跑、长距离的游泳、划船、自行车赛等运动中，运动员应根据自己的身体素质选择合适的速度，并始终保持这一速度完成全程是最科学的。这是因为在运动中可充分利用人体或器械的惯性，既节省能量，其运动效果又好。如在运动过程中时快时慢，则在每次加速启动时身体各器官系统就要额外多消耗能量。

图 4-16　长距离跑的途中跑

（二）牛顿第二运动定律及其应用

要使物体运动状态发生变化，就必须对物体施加力。当一个物体受到的合外力不为零时，物体运动的加速度与合外力成正比，与其质量成反比，加速度的方向与合外力的方向一致。

用公式表示为：$$\sum F=ma$$

力的单位：牛

牛顿第二定律确定的是力与加速度之间瞬时的矢量关系，而质量是物体惯性大小的量度。把加速度矢等于矢径 r 对时间的二阶导数代入牛顿第二定律，得到质点的运动微分方程：

$$ma=\sum_{i=1}^{n}F_i \text{或} m\frac{\mathrm{d}^2r}{\mathrm{d}t^2}=\sum_{i=1}^{n}F_i$$

F_i 表示质点受到 n 个力 F_1，F_2，…，F_n的作用。

这就是矢量形式的微分方程，把它投影到直角坐标系的三个轴上，可得三个方向的运动微分方程。

$$m\frac{\mathrm{d}^2x}{\mathrm{d}t^2}=\sum_{i=1}^{n}F_{xi} \qquad m\frac{\mathrm{d}^2y}{\mathrm{d}t^2}=\sum_{i=1}^{n}F_{yi} \qquad m\frac{\mathrm{d}^2z}{\mathrm{d}t^2}=\sum_{i=1}^{n}F_{zi}$$

质点动力学的运动微分方程可以解决两类基本问题：

一是已知质点的运动求力。

二是已知作用在质点上的运动求力。

1. 牛顿第二定律在体育运动中的应用

用牛顿第二定律来解释人体运动中直线运动变化的力学条件，则是力的方向与人体运动方向一致加速度为正，力为动力。如若力的方向与人体运动方向相反，则为减速直至速度为零，此力为制动力。若力的方向与人体运动方向相同，则人体运动为匀加速；而力为变量时，则人体运动为变加速运动。

牛顿第二定律在运动中应用时，要强调运动中任意时刻。力和加速度必须是同一时刻的瞬时量，如果物体受恒力作用沿直线运动，第二定律的瞬时性的重要意义就不突出了。反之，如果受变力作用，那么瞬时性就很重要。

在体育运动中，牛顿第二定律的应用是很广泛的。这是由于人体的各种动力性的动作都具有加速度，有加速度就必然有力的作用。公式中质量 m 在实验中是比较容易测量的。问题的焦点往往集中在解决 F 和 a 上，如果我们能确切地知道二者中的一个，那么，根据公式，另一个就十分容易确定了。因此，确定 F、a 往往是解决问题的关键。实践中，还可以运用运动学方法确定加速度。随着测力台等仪器的出现，可以测量一些动作中人体所受到的力。

2. 运动牛顿第二定律注意事项

应用牛顿第二定律应注意的几点。

（1）合外力（图 4-17）

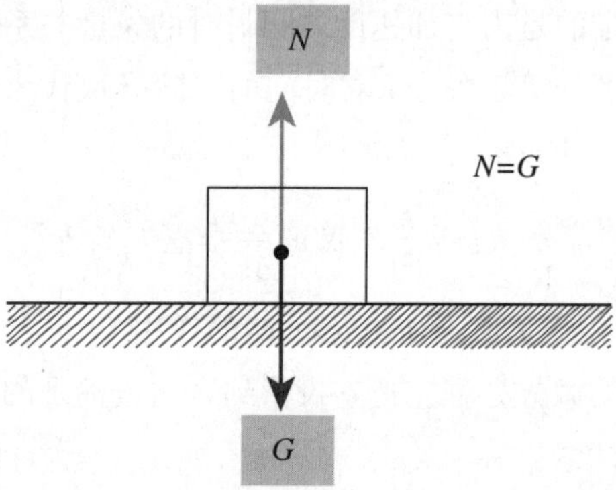

图 4-17　合外力

（图中小木块处于静止状态，G 为其重力，N 为地面的支撑力，此时 $N=G$，合外力为 0）

物体作加速度运动是由于力的作用结果。这里指的是力不是内力，而是外力；不是部分力，而是合力。因此应该明确牛顿第二定律中所讲的力是外力的合成或合外力。

（2）受力

物体运动的加速度与作用于物体上的外力有关。引起物体加速度运动是该物体受到外界力的作用结果。因此，不是施力，而是受力，受到外力或合外力而使该物体运动状态发生变化。因此，用隔离法明确受力物体以及对所受力进行分析。

（3）瞬时性

瞬时性是指物体受到的合外力 F 的瞬时性，即瞬时力，同时使物体运动状态发生改变的瞬时性，即瞬时加速度。由此应该得出 F 和 a 必须是同一时刻的瞬时量。若将合外力分解为水平分力和垂直分力，那么，水平分力只产生水平加速度，垂直分力只产生垂直加速度。

（4）矢量性

$F=ma$ 反映第二运动定律的矢量性。若施一个力于该物体，物体将沿外力方向加速运动，如果施几个力于该物体则合外力为几个力的矢量和。

$$F=F_1+F_2+F_3+\cdots+F_n$$

在合力作用下，物体得到加速运动，这与几个力分别作用在物体上所产生的几个加速度的矢量和是相等的，物体的加速度方向永远与外力的方向一致。

必须指出，牛顿第二定律只适用于质点，因为当合力作用于物体时可以使该物体转动，所以是该物体的所有质点并不都具有相同的加速度。

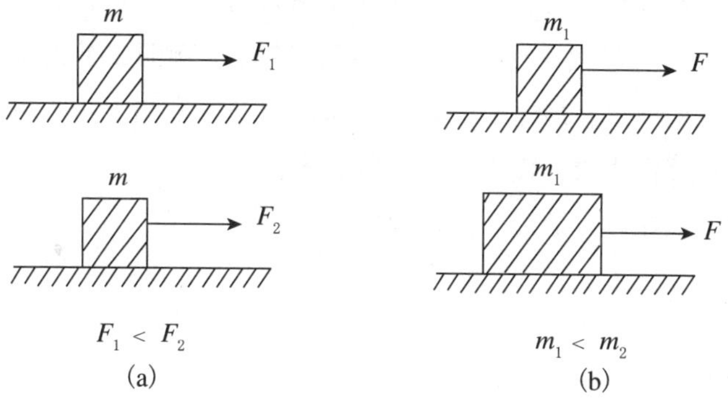

图 4-18　物体运动的加速度

［（a）图显示质量相同时，受力越大，产生的加速度越大；（b）图显示受力相同时，质量越大，产生的加速度越小）］

（三）牛顿第三运动定律及其应用

若物体 A 对物体 B 作用力为 F_{AB}，则物体 B 同时以力 F_{BA} 反作用物体 A，两力的大小相等，方向相反，并在同一直线上，即 $F_{AB}=-F_{BA}$。如运动员踢球时，球会对他的脚产生一个反作用力，落地时，作用于地球表面的力造成从地面而来的反作用力。

图 4-19　牛顿第三运动定律

1. 牛顿第三定律在体育运动中的应用

在人们进行各种运动时，作用力和反作用力问题普遍存在。弄清他们之间关系，才能正确分析体育运动中各力的特点，结合牛顿第二定律进行深入研究。走、跑、跳等运动项目，最重要的是提高肌肉收缩速度和力量，以加大蹬地力从而得到一个大的反作用力，使人体运动状态发生改变。

牛顿运动定律在体育运动中的应用实例。

（1）向心力

向心加速度：　$$a_m = \frac{v^2}{r}$$

向心力：　$$F_m = ma = m\frac{v^2}{r}$$

例如，对向心力正确的解释是，松手后链球不再受到向心力的作用，因惯性的缘故沿切线方向飞出去。单杠作为约束物对人体施加的向心力，是由于单杠的形变而产生的弹性力。

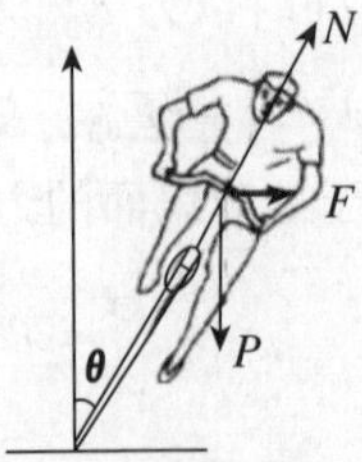

图 4-20　自行车运动时的向心力

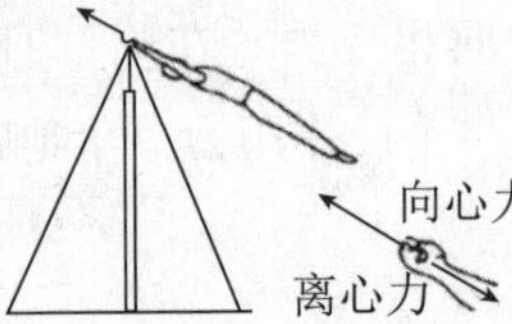

图 4-21　向心力与离心力

（2）支撑反作用力

图 4-22　跑步中的支撑反作用力

（F 为合力，F_x 为水平分力，F_y 为垂直分力）

支撑反作用力是一种被动约束力。当人体处于支撑状态时，人体以某种形式对支撑点或支撑面施加作用时，支撑点或支撑面便产生大小相同的反作用力作用在人体上，这种力叫做支撑反作用力。支撑反作用力的大小和方向，随人体运动状态或作用形式的不同而变化。

人体静立时，支撑反作用力称静态支撑反作用力。由于人体在重力 G 和静态支撑反作用力 R 的作用下保持平衡，有

$$G-R=0 \text{ 即 } R=G=mg$$

表明静立时，静态支撑反作用力发生改变（蹬起或下蹲）时，支撑反作用力称为动态支撑反作用力。在重力 G 和动态支撑反作用力 R 的作用下有

$$R-G=ma \quad R=G+ma$$

蹬起时，$a>0$，$R>G$，即动态支撑反作用力大于体重，称超重现象；下蹲时，$a<0$，$R<G$，即动态支撑反作用力小于体重，称失重现象。

在原地纵跳中，下蹲和蹬伸的过程，动态支撑反作用力是不断变化的。

2. 运用牛顿第三定律注意事项

（1）作用力与反作用力分别作用在两个物体上。

（2）作用力与反作用力大小相等，但各自产生的效果可能不同。人蹬地时，人体运动而地球不动。作用在两个物体上（人与地球）的力大小相反，但所产生的效果相差很大。

（3）作用力与反作用力是性质相同的力，如作用力是地球对物体的引力，

那么反作用力一定是物体对地球的引力。如果作用力是摩擦力，那么反作用力也一定是摩擦力。

（4）无论两物体运动或平衡，只要相互作用，作用力与反作用力都是成立的。

（5）作用力与反作用力是同时存在，同时消失，因此，它们也同样是瞬时关系。

人体各种静止姿势，如站立姿势，地球对人体的吸引力作用在人体，人体对地球也发生吸引，作用于地球球心上。由于人体被地面托住不能向下运动，发生形变，产生托力，作用于人体并与重力相平衡，而托力的反作用力即对地面的正压力。

人体走路、跑步，使人体不断前进，决定于地面反作用力大小对人体作用的效果。当然地面给人体反作用力的大小又取决于人体肌肉收缩相互配合对地面作用力的大小。因而要提高人体的运动效果，重要的是要提高肌肉收缩速度和力量。

根据作用力与反作用力大小相等方向相反，作用在两个不同物体上，为取得好的效果，人体与所接触的物体需要较坚硬，这样人体对地面作用力不会减弱，从而地面对人体的反作用力也不会减小。

假设我们将要测量一个跑步人所受力的大小和方向，根据力的作用力和反作用力定律，当他推压地面时，地面会给他一个反作用力，要想了解这个反作用力有多在大，第一步首先要画出系统受力图，如图（c）就是人体的自由体受力图；这些力包括重力以及物体与周围环境接触产生的力如地面的反作用力。第二步是用箭头正确地标出力的大小和方向。在图 4-23 中 F_a 是空气阻力，F_w 是重力，F_g 是地面的反作用力。

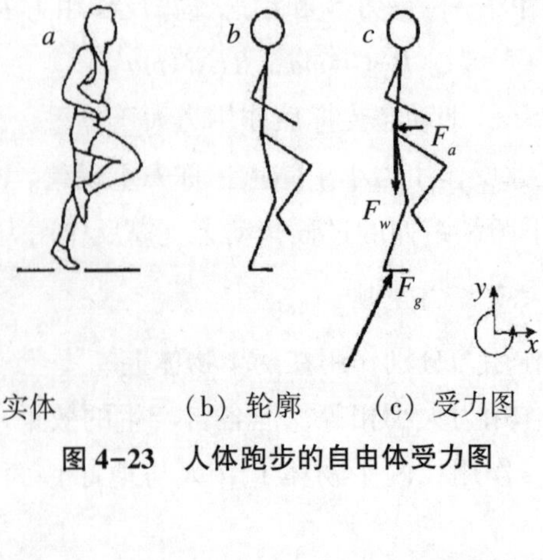

（a）实体　（b）轮廓　（c）受力图

图 4-23　人体跑步的自由体受力图

三、动量定理、动量守恒定律及其应用

（一）动量和冲量

1. 动量（矢量性）

运动的人体或者物体都具有一定的“运动量”，在人体运动中出现碰撞、打击时，这种“运动量”就会改变或者传递，如人的蹬跳和击球等，力学上就定义速度与物体（简化成质点）的质量的乘积作为物体“运动量”的量度，称为动量。即：

$$k=mv$$

动量是动力学中描述物体运动状态的物理量。在碰撞问题中，物体动量的变化反映物体对其他物体产生的机械效果，在有相互作用而引起的机械运动传递中，是以动量来变换的。动量是矢量，其方向与速度一致，单位为“千克・米/秒”（$kg \cdot m \cdot s^{-1}$）。

[**例如**] 在排球运动中，运动员回击迎面而来的排球，手部与排球之间的碰撞会产生动量的变化。

2. 冲量（矢量性）

在力学中，如果作用于物体上的外力是一个衡量，这个外力与其作用时间的乘积，定义为力的冲量：

$$I=F \cdot \Delta t$$

冲量的单位是“牛顿・秒”（N・s）。

一般情况下，尤其是人体运动，运动时与外界物体的作用力并不恒定，通常是变力作用，即作用力 F 的大小随时间变化。如果我们把力的作用时间划分成许多极小的时间间隔 Δ，对在这极小的时间间隔内的受力 $F \cdot \Delta t$ 视为不变，这样变力的冲量在 $F-t$ 关系图上其大小等于曲线与坐标横轴线段所围成的面积（图4-25变力作用的冲量）。

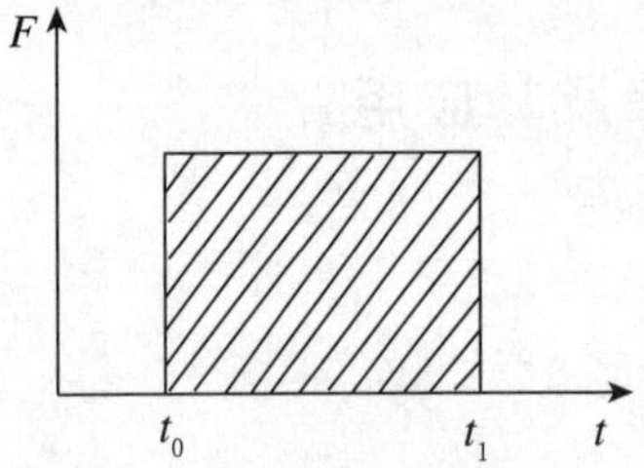

图 4-24　恒力作用的冲量

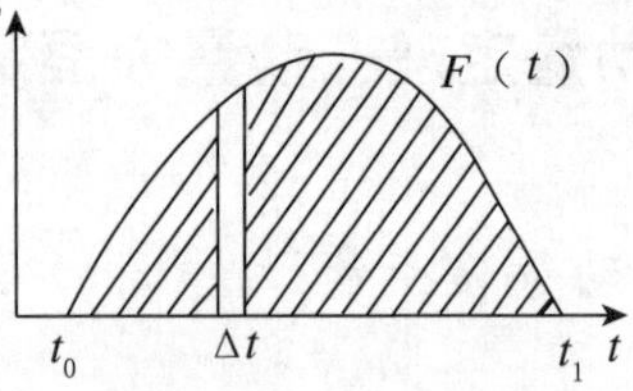

图 4-25　变力作用的冲量

（在恒力作用下，根据动力学实验测得的 F-t 关系图上表现为一水平线段。根据冲量的定义可认为这条水平线段下所围成的矩形面积的大小即为恒力作用的冲量）

在 F-t 关系图上表现为水平线段。根据冲量的定义就恰为这条水平线下所围城的矩形面积大小。

在实际研究中，通常力是随着时间变化的，在微小时间间隔 dt 内，力 F 的冲量称为元冲量，即：

$$\mathrm{d}I = F\,\mathrm{d}t$$

而力 F 在作用时间 t 内的冲量是力矢量对时间的积分：

$$I=\int_0^t F\mathrm{d}t$$

在图上，如果力是一个衡量，力表现为一条曲线，冲量的大小等于曲线和横坐标所围成的面积。

例如，在跳远项目中，沙坑里面放的沙子，跳高项目中，跳杆下面放的海绵，其目的都是为了学生落地时增大作用时间，从而减小对人体的冲击力。

[**例题**] 自行车赛车手，骑行时强行超车，不慎撞向树墩，车手撞击时间为 0.5s，骑行速度为 30 m/s，则车祸中质量约为 60kg 的骑手受到的平均冲力是多少？

对于骑手，平均加速度为：

$$v^2-0=2\mathrm{as}$$

$$a=v^2/2\mathrm{s}=900\mathrm{m/s^2}$$

人受到的平均惯性力（平均冲力）为 $\mathrm{F_1=ma=5.4\times10^4N}$

（二）动量定理及其应用

1. 动量定理

动量定理，是描述物体机械运动状态变化规律的基本定理之一，物体在运动过程中，其动量的增量等于作用于物体上的元冲量，即：

$$d(mv)=F\mathrm{d}t$$

积分：其上下限取时间由 0 到 t，速度由 v_0 到 v，得：

$$mv-m\,v_0=\int_0^t F\mathrm{d}t=I$$

如果在 Δt 时间内，力是衡量，则：

$$F\Delta t=m\,V_t-mV$$

动量定理具有矢量性，在建立了坐标系以后，可将矢量表达式向坐标轴投影，得到动量定理的坐标系分量式：

$$\sum F_x\cdot\Delta t=m\,V_x-m\,V_{x0}$$

$$\sum F_y\cdot\Delta t=m\,V_y-m\,V_{y0}$$

$$\sum F_z\cdot\Delta t=m\,V_z-m\,V_{z0}$$

［**例题**］质量为 0.3kg 的棒球，以 10m/s 的速度朝向运动员飞来。被棒球打击后以 15m/s 的速度向反方向运动，设棒球的接触时间为 0.001s，求：棒给球的冲量。

解：设棒球初始方向为正方向。

$$I=F\cdot\Delta t$$

$$=mv_t-mv_0$$

$$=0.3\cdot(-15-10)$$

$$=-7.5\ (\mathrm{kg\cdot m/s})$$

2. 动量定理在体育运动中的应用

在体育运动实践中，人体或器械的运动都是在力的积累效应下所实现的，动量定理可以直接应用于研究力的积累效应对物体运动状态变化的影响，能够清楚地论述冲量作用于运动物体时物体运动状态的改变（动量的改变量）。动量定理在体育运动中有广泛的应用，特别是体育运动中的打击、冲撞、投掷起跳等冲击性体育动作，运用动量定理有助于我们认识和掌握动作技术的一般力学原理。根据动量定理，为提高动作技术的实用性和动作技术经济性，在对体育运动中动作的技术诊断、技术设计、改进技术和优化动作技术，建立动作技术模式等方面提出一些一般性原则，以指导我们所从事的运动技术教学与训练实践。

（1）在体育运动的动作过程中加大冲量的作用，获得最快运动速度的动作效应

根据动量定理，我们在进行体育运动时，为了提高动作速度，在动力学因素方面要强调体育运动中尽可能加大人体与支撑点或人体与运动器械相互作用的力和延长力的作用时间，使作用于人体或器械的冲量达到最大。在运动学因素方面要强调体育运动中加大人体的动作速度和动作幅度，以使人体或器械在运动过程中获得最大的动量变化。

例如，在跳跃运动的起跳过程中，为了获得最快的腾起初速度，运动员在合理应用动作技术基础上，通过加大动力肌群收缩力的作用尽可能提高动作速度，增加人体整体动作对支撑点的合力（F）。通过加大起跳动作的幅度，尽可能延长起跳过程中人体与支撑点相互作用的时间（Δt），最终加大人体与支撑点的冲量作用，使支撑点所形成的冲量作用于人体重心，人体在起跳动作过程中获得最快的腾起初速度。运动员在投掷器械的最后用力动作过程中，为了获得最快的出手初速度，运动员在合理应用动作技术基础上，通过加快动作速度，提高人体整体动作对器械的合力（F）。通过加大最后用力动作的幅度以延长用力的“工作距离”，尽可能延长最后用力动作对器械合力作用的时间（Δt），加大人体对器械的冲量作用，在投掷运动的最后用力技术过程中，使器械获得最快的出手初速度。

在体育运动过程中，为了给物体以强大的冲力，还要求给予物体接触（撞击）的时间要短，如排球中的扣球、棒球中的击球等。运动员在踢足球前，通过大腿先向后摆，小腿屈膝等动作，这些动作既有省力因素，又可以加大踢球时的工作距离，延长肌力的作用时间。踢球前屈膝拉长了股四头肌，提高该肌兴奋性，有利于伸膝踢球时增大股四头肌肌力，从而加大膝关节转动角速度，最终提高足球运动的速度，如脚部接触球的时间短，有利于给球较大的冲力。

（2）在体育运动的动作过程中延长力的作用时间，减小人体与支撑点或人体与器械作用的平均冲力

在体育运动的动作过程中，为了减小人体与支撑点或人体与器械作用的平均

冲力，可以通过延长力的作用时间达到减小冲力的效果。根据动量定理，$F=m\frac{v_1-v_2}{\Delta t}$中冲力 F 与作用时间 Δt 的反比关系，如果在人体与支撑点或人体与器械作用的过程中延长力的作用时间则可以减小冲力。

例如，足球运动比赛中的守门员，用手接队员踢来的足球时，在手部与球体的碰撞过程中，通过指、掌、腕、肘的回收（缓冲）动作，顺势接球，可延长手与球在碰撞过程中的接触时间，从而减小球体在该段时间内对于手的冲击力。

在跑步的前支撑技术动作阶段，人体与支撑点相互作用时所产生的支撑反作用力方向与人体运动方向相反，起阻力作用效应，因此，运动员在前支撑动作技术阶段应尽可能减小支撑点对人体的冲击力。通过落地的缓冲动作，在短跑途中跑的前支撑技术动作要求前脚掌着地，并迅速过渡到全脚掌，同时伴有屈膝、屈髋的缓冲动作，以达到人体与支撑点的相互作用过程中延长力的作用时间，进而减小冲击力的动作技术效果。

为了减小外界对人体的冲击力，要延长力的作用时间，可以应用人的缓冲动作达到减小外界对人体冲击力的作用，也可以利用场地、设施的物理特性来延长力的作用时间。在体育运动的动作过程中采用外源性生物力学手段来减小外界物体对人体冲击力的作用。如体操用的海绵垫、跳高用的海绵包、拳击用的手套、跳远用的沙坑等，则都是在体育运动过程中采用外源性生物力学手段来减小外界物体对人体冲击力的作用典型。

如在研究跳跃运动员起跳动作过程中对踏板冲力大小时，可以根据电子计时测量出运动员在起跳动作阶段与踏板相互作用过程的前后动量变化$\frac{m(v_1-v_0)}{t_1-t_0}$。我们可以通过动量定理 $F=m\frac{v_1-v_2}{\Delta t}$求出物体在一定时间内碰撞过程中的平均冲力。在进行具体的研究时，可以采用高速摄影（像）技术测出人体运动速度的变化，测出踏跳前后动量变化及力的作用时间，通过动量定理求出运动员对踏板作用的平均冲力和冲量的大小。同理，通过测力装置我们可以测量出运动过程中，运动员起跳对起跳板作用力随时间的变化曲线，据此可以测算出人体在踏跳阶段所受的冲量，运用动量定理求出人体起跳的速度和平均冲力。

在对人体及器械运动过程冲量与动量变化所存在的内在联系因素分析中，我们可以得到下述的结论，即在人体及器械运动过程中要想获得最快运动速度的动作效应，在体育运动的动作过程中应尽可能加大冲量对人体或器械的作用效应；要想在体育运动的动作过程中减小人体与支撑点或人体与器械作用的平均冲力，在体育运动的动作过程中应尽可能延长力的作用时间，以减小冲力对人体或器械的作用效应。

（三）动量守衡定律及其应用

任何物质系统在不受外力作用或受外力之和为0时，其总动量保持不变，这就是动量守衡定律。

在该定律中，当$F_t=0$时得：

$$mv_t-mv_0=0 \text{ 或 } \quad mv_t=mv_0=\text{常量}$$

设质量分别为m_1，m_2的两个小球，在极光滑的玻璃槽中，沿同一直线做同方向运动。初速度分别为v_1，v_2如两球发生碰撞，碰撞时间为Δt，碰后速度分别为u_1，u_2。

如果系统所受合外力为0，则系统总动量保持不变。系统内力只能使动量在系统内部各物体之间传递转移，人体是由多环节组成的生物力学系统，各个环节的动量的矢量和等于人体的总动量。因此，人体内部在未受到外力作用时，人体内力只能改变各环节的相对位置，改变各环节的动量值，是某环节动量的改变量传递到其他环节。这一点在分析运动技术动作时具有重要的意义。例如，上、下肢的鞭打动作，通过大环节带动小环节，借助近侧环节的制动，加大远侧环节的速度，其力学机理就是在相邻肌群的收缩力的作用下，使动量由近侧环节转移到远侧环节。

四、人体运动中的功能关系

人体的运动过程中，肌肉收缩力牵引骨杠杆发生机械移位，从而对外做功。其结果或是改变人体运动的速度、人体的姿势和位置，使人体的能量状态发生改变；或是改变器械的运动速度或空间位置，使器械的能量状态改变。这些过程实质上是人体在中枢神经系统的支配下，体内储存的化学能量转化成机械能和热能的过程。即使人体完成静力性工作，虽然没有改变人体或器械的机械能量状态，但也消耗了人体内的化学能，以热量的形式散发掉。因此普遍地讲，人体的运动过程就是能量的转换过程。掌握人体运动的功能关系及能量转换特点，对正确认识人体运动的规律，分析研究运动技术，以提高运动成绩是十分重要的。

（一）机械功

功的大小等于与物体沿力的方向所发生的位移的乘积。如果恒力 F 与直线位移 S 成夹角 α，那么所做的功为：

$$W=FS\cos\alpha$$

功的单位是“焦耳”，1 焦耳（J）＝1 牛顿·米（N · m）。

从功的表达式可以讨论发生变化的情况：

若 $\alpha=0$ 时，则 $W=FS$，力对物体做正功；

若 $0<\alpha<90°$ 时，$W=FS\cos\alpha$，力对物体做正功；

若 $\alpha=90°$ 时，则 $W=0$，力对物体不做功；

若 $90°<\alpha<180°$ 时，则 $W=-FS\cos\alpha$，力对物体做负功；

若 $\alpha=180°$，则 $W=-FS$。

功只有大小，没有方向，因此是标量。在运动动作分析中经常讲到的正功或负功，只表示外力对物体做功，还是物体克服阻力（物体反抗外力）而做功。正功或负功也表明力与位移同向还是反向，并不是功有方向。

如果是变力做功，质点 M 在变力 F 作用下沿曲线运动（图 4-26），力 F 在无限小位移 dr 中可以看成是恒力，经过一小段弧长 ds 可看做直线，dr 可看做沿点 M 的切线。在无限小位移中力做的功称为元功 δW。于是有：

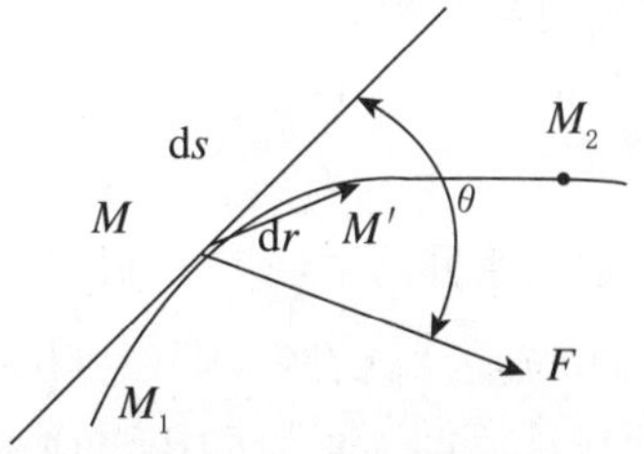

图 4-26 变力做功图

$$\Delta W=F\cos\theta\,\mathrm{d}s$$

力在全路程做的功等于元功之和：

$$W=\int_0^s F\cos\theta\,\mathrm{d}s$$

写成矢量点乘形式：

$$\delta W = F\mathrm{d}r$$

$$W = \int_{M_1}^{M_2} F\mathrm{d}r$$

显然，人体运动做功的大小不仅与力有关，也与位移的积分（总路程）有关，因此在运动中要使人体做更大的功，可以尽可能加大作用力，同时尽可能延长力作用的距离。例如在投掷运动中各种“超越器械”的技术，就有利于延长力作用的距离，达到增加对器械做功的目的。

（二）机械功率

以上讨论中，仅讨论了功的大小问题而没有涉及做功的快慢问题。在实践中，有些运动项目用做功的快慢来评定更有意义。在力学上为了反映做功的快慢程度，引入功率的概念：设在 Δt 时间里所做的功为 ΔW，那么在 Δt 时间里的平均功率的定义为：

$$P = \frac{\Delta W}{\Delta t}$$

为了更准确地反映出每一瞬间时做功的快慢，可用瞬时功率表示，即在无限小位移 $\mathrm{d}t$ 中力完成的元功 δW，其功率为：

$$P = \frac{\delta W}{\mathrm{d}t}$$

因为 $\delta W = F\mathrm{d}r$，所以功率可以写成：

$$P = F\frac{\mathrm{d}r}{\mathrm{d}t} = F \cdot v$$

其中 v 是力作用点的速度，由此可见，某一瞬时功率等于瞬时速度在力方向上分量与力的乘积。功率的单位是“瓦特”，1W = 1J/s。

在人体运动中，要提高功率，即在短时间内完成更大的功，就要尽量提高用力的速度，即“爆发力”。在运动技术中，通常把力和速度的乘积称为爆发力，因此功率又称为肌肉收缩的爆发能力。

（三）机械能

物体因机械运动所具有的能量叫做机械能。机械能包括动能和势能。

1. 动能

飞行的子弹可将墙壁打穿，水流可冲动水轮机。物体由于本身的运动而具有的能量叫动能。它在碰撞中可以分散为不同的能量。质量相同的物体，运动速度越大，它的动能越大；运动速度相同的物体，质量越大，具有的动能就越大。

如果物体的质量为 m，平动速度为 v，则它所具有的平动动能为：

$$E_k=\frac{1}{2}m\,v^2$$

同样，转动的物体（见第四节）也具有能量。如果物体的转动惯量为 I，转动角速度为 ω，那么，转动动能为：

$$E_\omega=\frac{1}{2}I\,\omega^2$$

保龄球在运动过程中既有平动也有转动，平动即平行移动，在平动过程中，同一时刻的运动物体上各点的速度和加速度都相同。因此在保龄球平动时，可不考虑其大小和形状，而把它作为质点来处理。其在转动过程中除转动轴上各点外，其他各点均绕同一转动轴做大小不同的圆周运动，距离转轴较近的点，线速度和线加速度均较小，但其角加速度和角速度相同。此时保龄球的动能为：

$$E=\frac{1}{2}mv^2+\frac{1}{2}Iw^2$$

2. 势能

由互相作用物体间的相对位置决定的能量叫势能。它包括重力势能和弹性势能两种。

（1）重力势能

一个静止的物体，只要它处于一定的高度，当它下落时，就可以做功。这种能量是由于物体与地球的相对位置发生变化而具有的，叫重力势能。它储存于一个系统内，可以被释放的能量。一个质量为 M 的物体，距地面的高度为 H，那么它具有的重力势能为：

$$E_g=mgH$$

显然，物体所处的位置越高，重力势能越大。

（2）弹性势能

拉满的弓能将箭射出；压弯的尼龙竿能把人弹出。这表明发生了弹性形变的物体也可以对外做功，因而具有能量。物体由于发生弹性形变所具有的能量叫做弹性势能。运动中的物体遇到障碍物后向相反的方向弹回即反弹。在弹性限度内，如果弹簧的倔强系数为K，伸长量为S，那么它所具有的弹性势能为：

$$E_e=\frac{1}{2}KS^2$$

只要是弹性体，发生形变时就会产生弹性势能。例如篮球、排球、足球、乒乓球、网球等在外力作用下形变时，都具有弹性势能。能量是标量，其单位与功的单位相同，为“焦耳”。

（四）功能原理

功是能的表现，能是做功的本领。功与能之间是可以相互转化的。能的量值是通过做功来确定的。力对物体做的功等于物体机械能的增量。除重力、弹性力以外的力对研究对象所做的合功，等于研究对象的机械能的增量，这个结论就叫动能原理。其中机械能的增量包括动能、重力势能和弹性势能。例如举重运动员举重的过程就是重力做功的过程，也是人体能量消耗的过程，做多少功，就有多少能量消耗。因此身材越矮小重力做功就越少，能量消耗就越少，反之亦然。

（五）机械能守恒和转化定律

机械能是物体的功能和势能的总和。如果系统只有保守力（重力、弹性力）的作用，其他合外力为零，则系统总机械能保持不变。

$$\frac{1}{2}mV^2+mgh+\frac{1}{2}KS^2=\frac{1}{2}mV_0{}^2+mgh_0+\frac{1}{2}KS_0{}^2$$

这一规律叫机械能守衡规律。在这种情况下，系统的势能和动能可以相互转换，但机械能的总量保持不变。在体育运动中大量存在，手与杠杆间的摩擦力、空气阻力、肌肉收缩力也不做功。

在人体运动中，严格的机械能守衡是不存在的。因为在运动中，人体所具有的机械能可以通过肌肉活动而增加，也可以有克服摩擦力产生热量而消耗一部分机械能。但就自然界总的能量讲的是守衡的。在这个前提下，各种形式的能可以相互转化，但能量不能创造，也不能消灭，只能由一种形式转换为另一种形式，这是自然界最普遍最重要的规律，普遍的能量守衡和转换定律。

在体育中为了使人体获得更大的速度，具有更大的功能，或者飞得更高，从功能原理的角度出发就要增加人与器械之间作用力所做的功。这可以从增加力值和做功距离两方面来考虑。为了获得更大的力，跳马的踏跳、空翻上毽子等都采用“打击”式起跳，同时在踏跳腿蹬伸前，膝关节的缓冲，有利于增加蹬伸距离，以便蹬地力做更大的功。

在只有保守力做功的情况下，机械能守恒。这时，可以通过动、势能的转换来完成动作。如单杠、高低杠的大回环，在下摆阶段是势能变动能阶段，而上摆阶段又是由动能向势能转换阶段。在技术分析中，我们可以根据机械能原理来确定某一时间人体重心位置、速度等参数，从而对动作进行技术诊断。还可以根据机械能守恒原理来分析动作技术，找出某些动作的最佳时机。例如，单杠单臂大回环，由双臂动作过渡到单臂动作，放开一只手的时机非常重要。如果在杠上倒立部位，或杠下悬垂部位放手，重力和另一只手的支撑反力都会形成人体则倒力偶矩，使人体失去平衡。但随着人体下摆，重力在径向的分力越来越小，而速度越来越大，需要的向心力越来越大。当人体下摆到重力在径向的分力正好等于向心力时，人体就处于“无重时相”，即手臂上既无拉力，又无顶力，这就是脱开一只手的最佳时机。这样只要根据机械能守恒定律，列出方程组，就能求出脱开一只手的最佳时机是在杠上 41.8 度。当然，如果人体在杠上倒立部位时，已具有一定的初速度，则最佳角还要更大些。

第三节　人体运动的静力学参数

静力学是研究物体或物体体系在外力作用下处于平衡状态的性质和行为的力学分支。体育运动中人体运动的静力学主要讨论人体在完成静力性动作，即处于相对静止的姿势（或称平衡状态）时的受力情况，获得平衡和维持平衡的力学条件。

一、人体平衡

（一）平衡动作的定量分析

1. 力矩、力偶和力偶矩

（1）力矩的概念

力矩亦称“转矩”(力对点之矩)。表示力对物体作用时产生转动效果的物理量。

$$M=F\times d$$

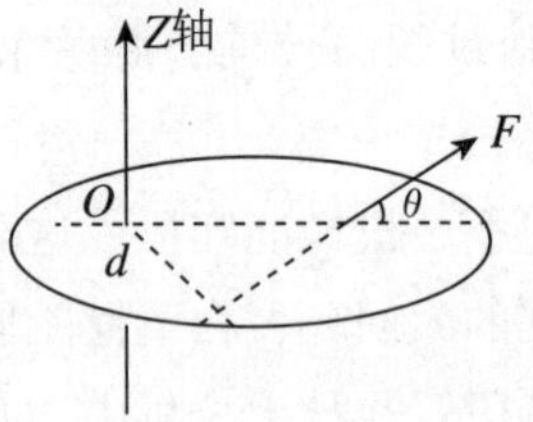

图 4-27　力矩

力下位于垂直于 2 轴且过点 O 的平面内，O 是平面内的一点，d 是从 O 点到力 F 作用线的垂直距离即力臂，则 F 对于 O 点的力矩为 F 与 d 的乘积，表示为 $M=F\cdot d$。如果 F 不在垂直轴 OZ 的平面内，可以把力的作用线延长，从而找到力臂。在研究人体运动时，由于受力情况不一样，对力矩称呼也不一样，如肌肉拉力矩（肌肉拉力×肌力臂）、阻力矩（阻力×阻力臂）、重力矩（重力×重力臂）。

物体受力绕某点或定轴转动时力的转动效果，除了取决于力的大小和方向外，还取决于绕定点或定轴到力的作用线的距离。

力使物体绕点转动，通常规定：从轴的正面看去，力使物体按逆时针方向转动时，力矩为正；力使物体按顺时针方向转动时，力矩为负。力矩的单位用牛顿米（N·m）来表示。

（2）力偶和力偶矩的概念

在研究力对物体的转动作用时，我们还会遇到这样一种情况，大小相等，方向相反，作用线互相平行但不重合的两个力作用在物体上，物体同样会产生转动效应，这一对力称为力偶。通常我们把两个大小相等，方向相反，但不在同一直线上的 F 及 $-F$ 这一对力称为力偶。力与力偶臂的乘积称为力偶矩。使物体产生逆时针方向转动的力偶矩取正值，反之为负值。通常力偶矩用符号 M 表示：

$$M=\pm Fd$$

式中，d 为力偶臂。

2. 受力分析

在研究人体或器械的平衡问题时，首先要对研究的对象进行受力分析，即确定研究对象受到哪些力的作用、力的作用点和方向等。

（1）受力分析的一般顺序

先分析场力（重力、电场力、磁场力），再分析接触力（弹力、摩擦力），最后分析其他力。

（2）受力分析的一般步骤

①选取研究对象。即确定受力分析的物体。研究对象可以是单个的物体，也可以是物体的系统组合。

②隔离物体分析。将研究对象从周围的物体中隔离出来，进而分析物体受到的重力、弹力、摩擦力、电场力、磁场力等，检查周围有哪些物体对它施加了力的作用。

③画出受力示意图，按照一定顺序进行受力分析。一般先分析重力；然后环绕物体一周，找出跟研究对象接触的物体，并逐个分析弹力和摩擦力；最后再分析其他场力。在受力分析的过程中，要边分析边画受力图。只画性质力，不画效果力。

④检查受力分析是否有误。受力分析完后，检查画出的每一个力能否找出它的施力物体，检查分析结果能否使研究对象处于题目所给运动状态，否则，必然发生了漏力、多力或错力现象。

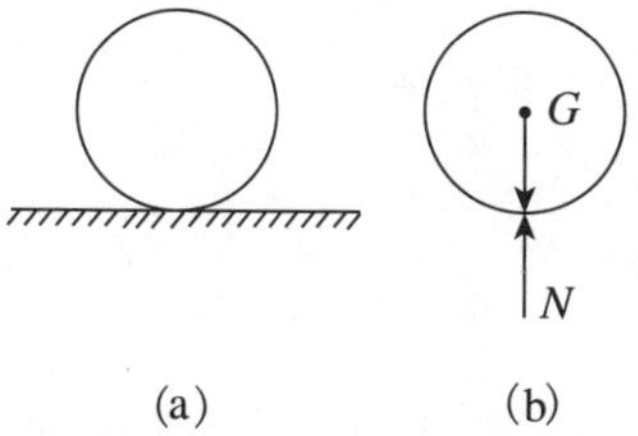

图 4-28　重力与地面反作用力

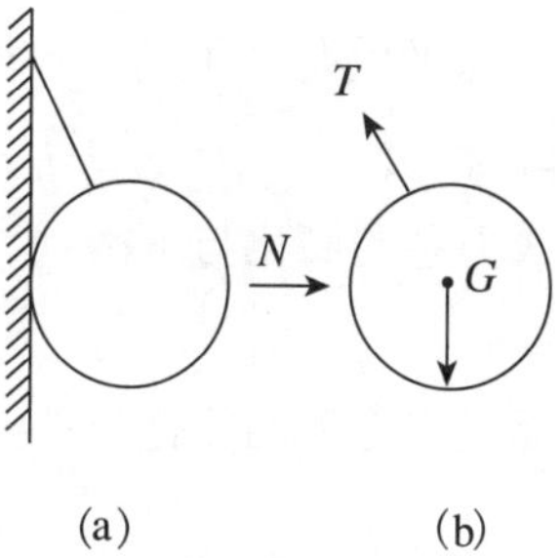

图 4-29　重力与绳拉力、墙反作用力

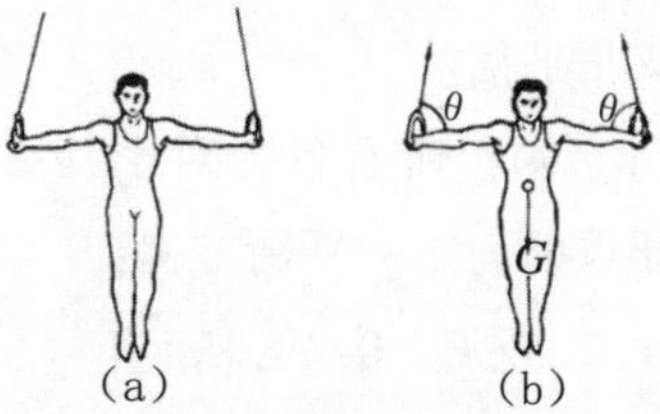

图 4-30　拉力与重力

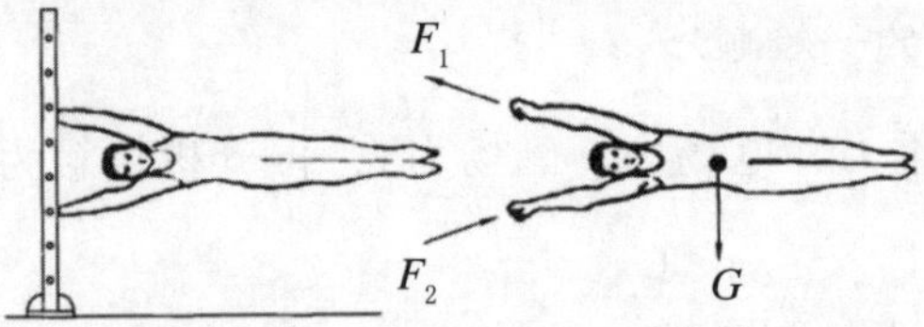

图 4-31 拉力、支撑反力与重力

3. 平衡的力学条件

平衡：物体处于静止或匀速直线运动状态。

(1) 当物体保持平衡时，作用在物体上的一切外力相互平衡，也就是物体所受和外力为零，所受和外力矩为零。对于人体，这些条件也是同样适用的，它的数学表达式为：

$$\sum F_i = 0$$

$$\sum M_i = 0$$

$\sum M_i = 0$ 是物体不产生转动的力学条件。如果某物体的平衡符合上面两个条件，则物体既不发生平动，也不发生转动，而处于平衡状态。

$\sum F_i = 0$ 是物体不产生平动的力学条件。

(2) 力系的简化和平衡

①力的合成分解：矢量运算法则（平行四边形法则）。

②共线力系的简化与平衡：

$$\sum F_i = 0$$

③平面汇交力系的简化与平衡：

$$\sum F_x = 0$$

$$\sum F_y = 0$$

或 $$R = \sum F_i = 0$$

④共面平行力系的简化与平衡：

力矩原理：在共面平行系中，所有各力对于其平面的任意一点力矩的代数和，等于力系的合力对于此点的力矩。平衡方程：

$$\sum F_i = 0;\ \sum M_0 = 0$$

⑤共面一般力系的简化与平衡：

$$\sum F_i = 0;\ \sum M_0 = 0$$

［**例题**］人体重心的测量

测量设备是由一块特制的一定长度的均匀木板和体重秤组成，如图 4-34 所示。其力学原理是根据静力学中的力矩平衡方程式进行重心位置的测定。根据人体静躺在板上时的体重秤读数，用力矩平衡方程式进行计算。

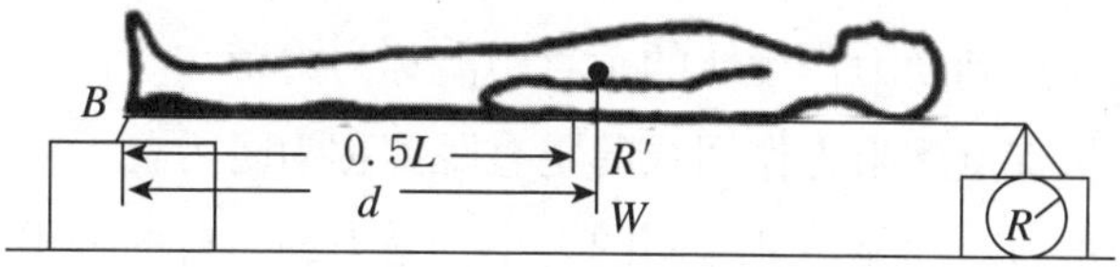

图 4-32　人体重心测量示意图①

采用一维重心板测定人体重心位置的方法是根据力矩平衡原理，即人体和一维重心板沿重力方向平衡时合外力矩为零的原理进行测量，即重心板重力、人体重力和测量秤的支撑反力三个力的合外力矩为零。现在对脚跟处的支撑点 B 求力矩，可得：

$$\sum M_B = 0$$

即：

$$R \cdot L - W \cdot d - 0.5L \cdot R' = 0$$

$$d = L\ (R - 0.5R'/W)$$

式中，d 表示重心至 B 点距离；L 为板长；W 为人体重；R' 为测量板重量；R 为测量秤的读数。例如，某运动员体重为 70kg，身高为 1.80m，秤的读数为 38kg，板长为 2m，板重 10kg，求该运动员的身体重心高度及其占身高的百分比是多少？

解：将 $W=70$，$L=2$，$R=38$，$R'=10$ 代入上式

身体重心高度：$d=L\ (R-0.5R'/W)\ = 0.9428\ (m)$

身高百分比：0.9428/1.8=52.38，即 52.38%。

4. 人体运动的杠杆原理

人体运动是以骨为支架、关节为枢纽，骨骼肌产生动力。人体运动遵循杠杆原理，各种复杂动作都可以分解为一系列的杠杆运动。人体杠杆运动系统的基本组成包括：骨是杠杆、关节是支点、骨骼肌是杠杆运动的动力。运用杠杆原理对运动进行分析，是运动生物力学研究的重要途径之一。

（1）有关杠杆作用的几个名词

①支点：是指杠杆绕着转动的轴心点，在骨杠杆上支点是关节的转动中心。

---

①www. baidu. com.

②力点：动力作用点称为力点，在骨杠杆上力点是肌肉的附着点。

③阻力点：阻力在杠杆上的作用点称为阻力点。即指运动节段的重力、运动器械的重力、摩擦力或弹力以及拮抗肌的张力，韧带、筋膜的抗牵拉力所造成的阻力。在一个杠杆系统中的阻力作用点只有一个，即全部阻力的合力作用点为唯一的阻力点。

④力臂：从支点到动力作用线的垂直距离称为力臂。

⑤阻力臂：从支点到阻力作用线的垂直距离称为阻力臂。

⑥力矩：表示力对物体转动作用的大小，是力和力臂的乘积。

⑦阻力矩：阻力和阻力臂的乘积为阻力矩。

力矩和阻力矩的作用方向一律用“顺时针方向”和“逆时针方向”。习惯上把顺时针方向的力矩规定为正力矩，逆时针方向的力矩规定为负力矩。规定正、负力矩之后，几个力矩的合成就可用其代数和来计算。

（2）杠杆的分类

根据杠杆上支点、力点和阻力点的位置关系，可以将杠杆分成三类：平衡杠杆、省力杠杆和速度杠杆。

①平衡杠杆。其特征是支点在力点与阻力点中间，如天平和跷跷板等。在人体中，这一类杠杆较少，如头颅与脊柱的连接，支点位于寰枕关节的额状轴上，力点（如斜方肌、肩胛提肌、头夹肌、头半棘肌、头最长肌等的作用点）在支点的后方，阻力点（头的重心）位于支点的前方。此类杠杆的主要作用是传递动力和保持平衡。

②省力杠杆。其特征是阻力点位于力点和支点之间，如一根一端支在地上，向上撬动重物的棍棒。在人体上，这类杠杆在静态时极为少见，只有在动态时可以观察到，如站立提踵（脚跟）时，以跖趾关节为支点，小腿三头肌以粗大的跟腱附着于跟骨上的支点为力点，人体重力通过距骨体形成阻力点，在跟骨与跖骨构成的杠杆位于支点和力点之间。这类杠杆的力臂始终大于阻力臂，可用较小的力来克服较大的阻力，故称为省力杠杆。

③速度杠杆。其特征是力点位于阻力点和支点之间，此类杠杆在人体中最为普遍，如肱二头肌通过肘关节屈起前臂的动作，此时支点在肘关节中心，力点（肱二头肌在桡骨粗隆上的止点）在支点和阻力点（手及所持重物的重心）的中间（图4-33）。此类杠杆因为力臂始终小于阻力臂，力必须大于阻力才能引起运

动，所以不能省力，但可以使阻力点获得较大的运动速度和幅度，故称速度杠杆。

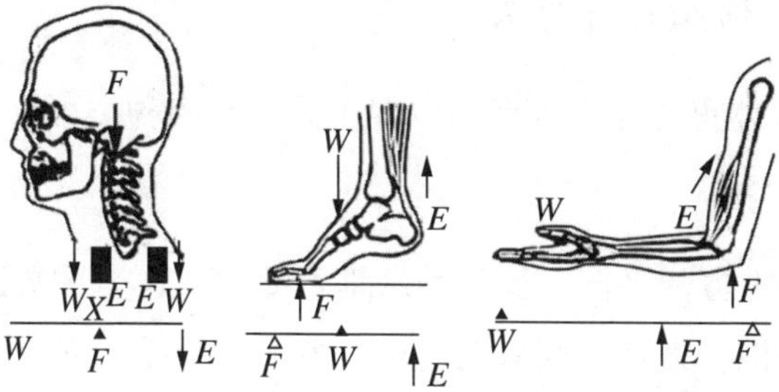

图 4–33　人体的各类杠杆

（注：W 为重（阻）力点：E 为力点；F 为支点）

（3）杠杆原理在体育运动中的作用

①省力。要用较小的力去克服较大阻力，就要缩短阻力臂或延长力臂。在人体杠杆中，肌肉拉力的力臂一般都很短，人体有一些补偿机制可以使之增大。通过籽骨能增长力臂，如髌骨就延长了股四头肌的力臂。此外，通过肌肉在骨上附着点的隆起、突起来延长力臂，如股骨大转子就增大了臀中肌、臀小肌的力臂，小转子则延长了髂腰肌的力臂。一个活动多、肌肉强壮的人，其骨骼上的粗隆、结节也较明显，说明运动锻炼不仅能增强肌力，而且能增大力臂来增加力矩。同样，缩短阻力臂也能够省力，如提重物时，重物越靠近身体越省力：举杠铃的技术关键也是让杠铃尽可能贴近身体。

②获得速度。许多动作不要求省力，而要求获得较大的运动速度和幅度，如投掷物体、踢球、挥拍击球等。为使阻力点移动距离和速度增大，就要增长阻力臂和缩短力臂。人体中大多数杠杆虽属速度杠杆，这有利于获得速度，但运动中为了获得更大速度，常需使几个关节组成一个长的杠杆臂，这就要求肢体伸展，如掷铁饼时，就要先伸展手臂。有时甚至需要附加物体延长阻力臂，如利用球棒或球拍来延长阻力臂。

③防止损伤。根据杠杆原理，速度杠杆不利于负重和载荷，而人体杠杆又大都属于速度杠杆，因而可以理解为阻力过大容易引起运动杠杆中各环节的损伤，特别是其力点和支点，即骨骼肌和肌腱止点以及关节的损伤。为减少此类损伤，在运动训练或康复治疗中应特别强调增强肌肉锻炼，同时应适当控制阻力和阻力

矩。此外，局部或全身休息可使肌力降低，避免组织劳损，这也是非常重要且有效的防治手段。

（二）人体平衡动作的种类

1. 根据平衡人体重心与支撑点的位置关系，平衡种类可分为如下三种。

（1）上支撑平衡

支撑点在重心上方的平衡，如各种悬垂类动作。这类平衡比较稳定，在康复运动时可以利用拐棍，把支撑点从地面移到腋下，形成上支撑平衡，增加患者行走的稳定程度。

（2）下支撑平衡

支撑点在重心下方的平衡，如手倒立等，这类平衡需要一定的技巧。人体站立也是下支撑平衡，脑和神经的损伤、疾病，都容易造成其技巧丧失。因此，康复中此类平衡常见。

（3）混合支撑平衡

既非完全上支撑，又非完全下支撑的平衡，如肋木侧平衡。在患者行走的康复训练中，经常采用扶双杠行走练习，也是混合支撑平衡的事例。

2. 平衡物体受到外力作用偏离其平衡位置时，根据物体保持其平衡的可能性分为以下四种。

（1）稳定平衡

物体的平衡位置无论有多大偏离，当去掉破坏平衡的力时，物体能恢复到原来的平衡状态（图 4-34）。如玩具不倒翁、吊袋、悬垂、单摆。此类平衡的特点是当物体偏离平衡位置时，其重心升高，产生使物体恢复到原来状态的重力矩（稳定力矩）。①

---

①钱竞光，宋雅伟．运动康复生物力学［M］．北京：人民体育出版社，2015.

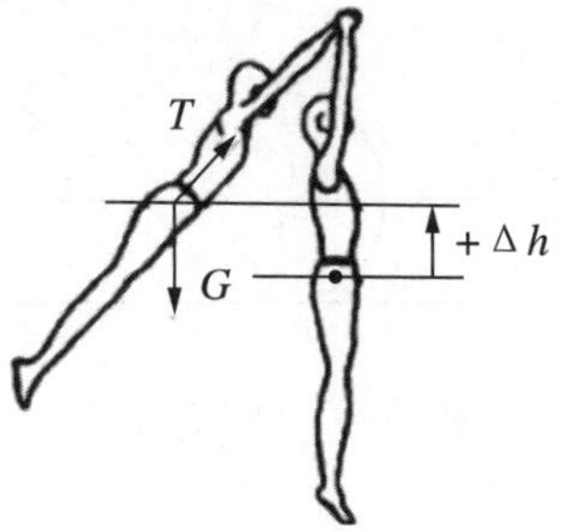

图 4-34　稳定平衡

（2）不稳定平衡

物体稍偏离平衡位置后，当去掉破坏平衡的力时，不能再恢复到原来的平衡位置。在这种平衡中，其特点是当物体偏离平衡位置时，重心降低，这时出现的重力矩将增大物体的偏离程度，使其不能再回复到原来的位置上。这种情况仅在下支撑中出现，且是点支撑或线支撑，其平衡多属于不稳定平衡。例如单臂倒立、走钢丝（图 4-35）。

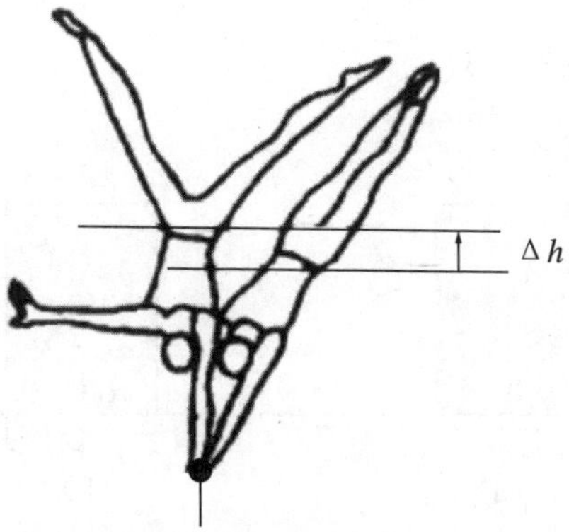

图 4-35　不稳定平衡

（3）随遇平衡

物体在任何位置上都能保持平衡。如放在水平面上的匀质小球。在这种平衡中，当物体偏离平衡位置时，其重心高度不发生变化。无论物体移到哪一位置，其重力都通过支点，支撑力也通过重心。物体所受的合外力和合外力矩均为零，物体在每一位置上都能获得平衡，这类平衡在人体运动中少见，例如球的平衡

（图 4-36）。

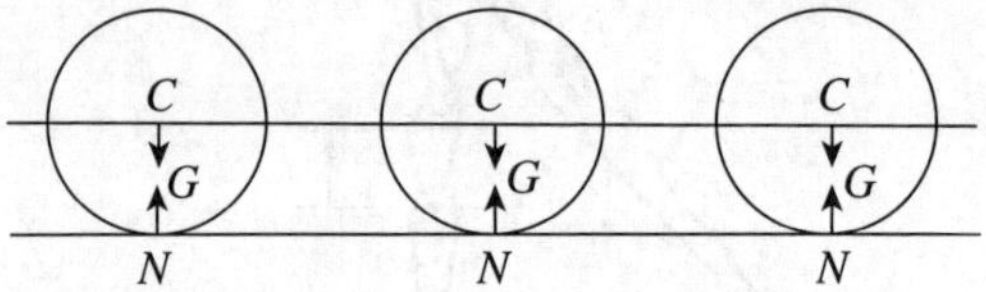

图 4-36　随遇平衡①

（4）有限度的稳定平衡

物体对平衡位置的偏离有一定的范围，只要不超过一定限度，则可恢复到原有的平衡状态，否则将失去平衡。多见于有一定支撑面积的下支撑物体的平衡中，如拐杖行走，人体的下支撑动作中常见。当物体稍发生倾斜，若重力作用线尚未超出支撑面的边界，其重心升高，势能增大，这时重力对翻转支点产生的力矩为恢复力矩（稳定力矩），可使物体恢复到平衡位置。但若物体继续倾斜，重力作用线超出支撑面的边界时，倾斜将使重心降低。重力对翻转支点产生的力矩变为倾倒力矩（或称翻转力矩），加大物体的倾斜，最后使物体失去平衡而倾倒。在这类平衡动作中，人体主要承受压缩负荷，肌肉力主要起固定关节、调节控制人体平衡的作用（图 4-37）。

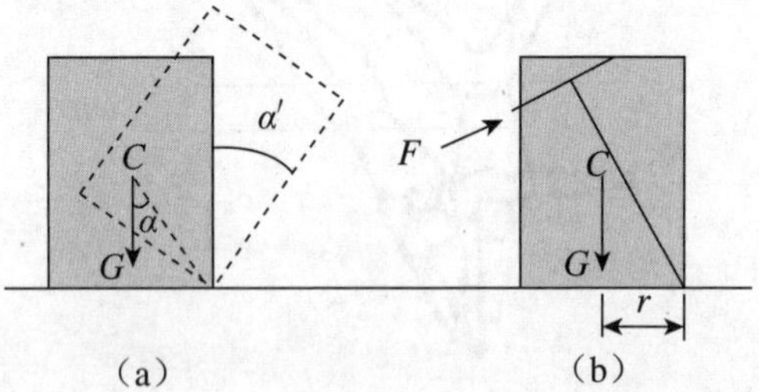

图 4-37　倾倒力矩与稳定力矩

人体站立时只有实重力线通过支撑面时才能保持平衡。重力线是重力的作用线，是自重心垂直于地面的线。重力与向上的支撑反力，二者大小相等，方向相反，且作用在一直线上，即处于平衡状态。因此，可认为这种平衡是一种相对的静态平衡。单杠悬垂动作，人体的重心升高，则势能增大，重力形成力矩，重力

①https：//m. sohu. com/a/63937004_ 353587/？ pvid＝000115_ 3w_ a.

矩起到恢复原来姿位的作用。我们可用稳定系数这一参量来判断。稳定系数表明物体依靠重力抵抗平衡受破坏的能力。当物体开始倾斜时，随着物体的倾斜，则重力产生一个使物体恢复到原来平衡位置的恢复力矩。恢复力矩等于重力的大小乘上重力对倾倒支点的力臂。在倾倒的过程中，若有一倾倒力作用在物体上，倾倒力所产生的倾倒力矩等于倾倒力乘以倾倒支点力臂的乘积。如恢复力矩大于倾倒力矩，即重力作用线在支撑面内，则恢复力矩使物体恢复到原来的位置上。若在倾倒过程中，重力对支点的力臂不断缩短，随着倾倒的加剧，恢复力矩的重力作用不断减少。当倾倒使重力作用线通过支点时，恢复力矩变为零，重力矩则起到加剧倾倒的作用。稳定系数就定义为倾倒力开始作用时稳定力矩与倾倒力矩的比值。

$$K=\frac{M_{稳}}{M_{倾}}=\frac{G_{\mathrm{r}}}{F_{\mathrm{h}}}$$

式中，K 为稳定系数，当 $K>1$ 时，物体本身的重力所产生的恢复力矩足以抵抗倾倒的作用，即稳定力矩大于倾倒力矩。此时倾倒力矩不能使物体倾倒失去平衡。当 $K<1$ 时，物体稳定力矩对抗不了倾倒力矩，倾倒力将使物体倾倒，平衡被破坏，即静力姿势的改变。从此角度看，物体越重，其稳定力矩亦越大，抵抗倾倒作用的能力也越强。

（三）人体平衡的特点

1. 人体不能处于绝对静止的状态

人体在维持平衡的过程中，不可能是绝对静止的。呼吸系统和血液循环的存在造成了人体总重心在一定的范围内波动，肌肉的张力在任何时候都不可能恒定，因此身体姿势不可能维持不变。当维持平衡的时间较长，肌肉出现疲劳时，这种不稳定性就更加明显。最优秀的射击运动员，在射击瞄准时，也不可能把枪口控制到绝对静止状态（纹丝不动）。结果说明，我国优秀步枪运动员击发前 4s 内枪口的晃动范围一般在 2mm 以内。因此，可认为这种平衡是一种相对的静态平衡。

2. 人体内力在维持平衡中的作用

在某些静力性姿势中，维持平衡的不仅仅是重力和支撑反作用力，而是由重力矩与肌肉和韧带的拉力矩共同维持的，如燕式平衡（图 4–38）：

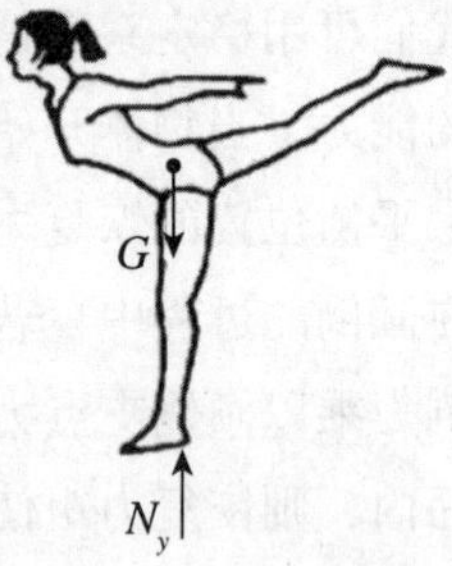

图 4-38　燕式平衡

3. 人体的补偿动作（补偿、恢复、改变支撑面）

人体在完成或维持静力姿势的过程中，当人体重心发生偏移有失去平衡的倾向时，人体能借助补偿动作在一定范围内“中和”或“抵消”重心的不适宜移动；当补偿动作不足以维持平衡时，则需借助恢复动作维持原有的平衡或获得新的平衡。如双杠上的手倒立，当身体在某一方向上发生倾斜过程中，及时调节两手对双杠的作用力，以产生新的力矩平衡倾倒力矩，维持原有的平衡（图 4-39）。另外是通过改变支撑面，使重力作用线进入新的支撑面，获得新的平衡。如投掷标枪，枪出手后，人体向前倾倒无法恢复时便自动向前跨出一步，获得了一个新的支撑面，得到新的平衡。

图 4-39　人体的补偿动作

4. 人体具有自我控制、调节和恢复平衡的能力

人体不仅能维持平衡，在有失去平衡的趋势时，通过视觉和本体感觉，在大脑皮质的控制调节下，通过肌肉收缩造成平衡的力学条件，恢复和维持平衡，这种平衡能力，通过训练可以不断加强，能够完成一些单从力学角度来看是非常困难的平衡动作。例如，体操和杂技中一些高难平衡动作——吊环“前水平”支撑等。经过训练和未经过训练的人，保持平衡的能力差别很大。

5. 人体的平衡受心理因素的影响

在一些特殊场合下，由于心理紧张，加之环境的影响，心理负担很大，致使反射性协调机制失调而造成平衡动作的失败，屡见不鲜。比较典型的例子是女子平衡的比赛，在平常训练中能够轻松完成的平衡动作，到了大型比赛中，常因心理因素没有调节好而造成动作失败。在运动速度较高的项目，如高山滑雪、冲浪等项目中，由于畏惧心理也常常使平衡遭破坏。因此，为提高平衡动作的稳定性，对运动员加强意志品质和心理训练也是很重要的。

（四）人体平衡的稳定性

人体的平衡能力是指中枢神经系统对感觉系统接受的信息进行整合，通过运动系统对身体的姿态、运动等做出的适应性控制与调节。它反映了人体静态下的控制与稳定能力，动态下的控制、调节与协调能力。简单来讲，平衡稳定性反映了人体维持原有平衡状态和抵抗倾倒的能力。人体平衡、姿势控制的稳定性大小，对人体的运动及防跌倒有着重要影响。总体来讲，人体的平衡控制能力大小、跌倒的可能性发生往往体现在人体的各种运动状态的转换控制的稳定性上。如从静态到动态（行走、跑动的起式）、姿态变换（从坐位到立位）、从直行到转向、从快速运动状态突然变为静止状态（体操、武术等的动作连接与结束动作）、突然失衡的调控（突遇障碍）。

平衡能力是人类乃至生物界最基本的生活能力之一。人的平衡能力，在一生中经历了“提高—稳定—衰退”这样一个自然的、不可逆转的生理过程。影响人体平衡与控制的因素很多，如年龄、性别、神经控制能力、肌肉力量、身体状况（如特殊疾患）、药物使用、运动疲劳等。以人体的下支撑类动作为例，从力学的角度对其影响因素进行分析与总结。影响人体下支撑稳定性的因素有以下几个方面：

（1）支撑面

在下支撑物体的平衡中，都有一定的支撑面。支撑面积愈大，总的来讲，物体平衡的稳定性也愈大。支撑面积是由各支撑部位的表面及它们之间所围的面积组成。当具有多个支撑部位时，它们之间的距离愈大，支撑面积也愈大，因而稳定性也大。因此，两脚开立比两脚的稳定性大；两脚站立比单脚站立的稳定性大；单臂手倒立比双臂手倒立难度大。

（2）重心的高低

重心高低对稳定性也有影响。一般地讲，重心愈低，稳定性就愈大。

以上两点只能一般地说明物体的稳定性大小，而不能反映不同方向上稳定性的差异。如马步动作，人体在前后方向上的稳定性就比左右方向上差。如果前后方向上受到力的作用就容易失去平衡。由此发现，平衡的稳定性还决定于重力作用线在支撑面中相对的位置。若重力作用线接近支撑面边缘，那么物体在这一侧的稳定性就小。反之亦然。而在短跑的蹬踞式起跑及游泳的出发姿势中，都尽量使身体前移以使重力作用线接近支撑面的前缘，目的就是为了减小向前的稳定性，以便听到枪声或口令时及时失去平衡，有利于起跑和出发。

（3）稳定角

所谓稳定角就是重心垂直投影线（或称重力作用线）和重心至支撑面边缘相应点的连线间的夹角。稳定角愈大，物体的稳定程度愈大，即物体在某方位上平衡稳定性的储备能力愈大。稳定角能说明物体在多大范围内倾倒时，重力仍产生恢复力矩使物体回复到原来的平衡位置上。一旦物体倾斜角度大于稳定角时，重力就产生倾倒力矩使物体倾倒。稳定角综合地反映了支撑面积的大小、重心高低及重心垂直投影线在支撑面内的相对位置这三个因素对稳定性的影响。如果要增大某方位的稳定性，则要增大在此方向上的稳定角，反之亦然。

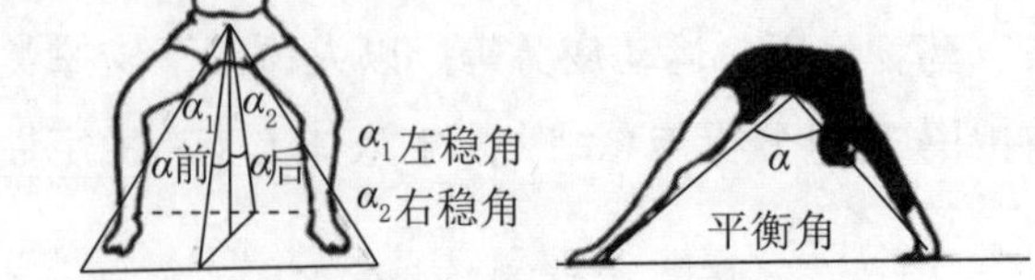

图 4-40　稳定角与平衡角

（4）平衡角

平衡角等于某方位平面上稳定角的总和。平衡角在不同的方位平面上可能是不同的。它可以说明物体在某方位上总的稳定程度，通常称为稳度。即物体失去平衡的难易程度。

(5) 稳定系数

一个物体是否失去平衡，取决于该物体重心垂直投影线是否落在支撑面内。如落在支撑面内，就保持平衡；落在支撑面之外，就失去平衡。

我们可用稳定系数这一参量来判断。以下支撑稳定平衡为例，影响稳定系数包括①重力作用线到支撑面相应边界的距离（稳定角）。②人体（物体）的重量。在第一因素相同的情况下，物体越重其稳定力距越大，抵抗倾倒的能力越强，稳定性越好，所以在摔跤、拳击、柔道的比重中，运动员要按体重分等级。

二、人体重心

（一）人体重心的概念

在研究人体运动时，总是首先对人体进行简化，把人体看成是一个点或一组点（质点或质点系），用这些点代表整个人或人体的部分，这些点怎样确定才具有代表意义呢？通常我们选取最能代表人体或各个部分的点，就是重心。它在人体运动中是很重要的一个基本参数。

地球上的物体无不受地心引力的作用，人体也不例外。每个物体都是由无数微小的物质（分子·原子等）组成，这些微小物质也无不受重力的作用，人体也是如此。人体的微小生命单位是细胞，每个细胞也都受地心引力的作用，地心引力即重力，重力的大小就是物体的重量，重力的作用方向始终铅直向下，指向地心，重力的作用点就是物体的重心。

由于组成物体的每个微小分子都受重力的作用，所以每个分子都有一个重心，整个物体的重心就是各个分子重力的合力作用点。同样，人体也是这样，人体是由头、躯干、上臂、前臂、手、大腿、小腿、足等多个环节组成。每个环节都受到重力的作用，各有自己的重心。这些环节的重心是组成这些环节的每一微小部分的重力合力的作用点，如头的重心、躯干重心、上臂重心等。人体全部环节（整个人体）所受重力的合力的作用点就叫做人体重心或人体总重心。由此可知，重心是重力的作用点。它在物体上仅仅是一个几何点，几何形状固定的物体，其重心位置是固定不变的。例如铁饼、标枪、铅球、足球等物的重心位置是固定的。而人体重心不像物体那样恒定在一个点上。

（二）人体重心的位置

人体重心并不特指身体上某一个固定点。它的位置是一个随即变量，随着呼吸、消化、血液循环等生理过程的进行，在一定范围内移动。在相对静止的状态下，其变化范围一般在1.5~2cm。据测定，站立时，人体重心一般在身体正中面上第三骶椎上缘前方7cm处。由于性别、年龄、体型不同，人体重心位置略有不同，一般男子重心位置的相对高度比女子高，自然站立时，男子重心高度大约是身高的56%，女子大约是身高的55%，这是因为女子的骨盆较大之故。儿童的头和躯干的质量相对大一些，则身体重心相对高度比成人高些。由于体型的不同也略有不同，如同身高的足球运动员与体操运动员相比，下肢骨骼和肌肉发达的足球运动员比上肢发达的体操运动员的重心低，上、下肢的长短，身体的胖瘦都影响着重心的位置。

在体育运动中，由于身体姿势的变化，重心位置也随之变化，这种变化对运动技术动作的影响较大。例如，手臂上举、重心升高；体后伸，重心后移；下蹲，重心下降；向左侧屈，重心左移。做大幅度的体前屈动作或体操“桥”动作时，人体重心可以移出体外，重心移动的方向总是与环节移动方向一致，并且重心移动的幅度取决于环节移动的幅度。环节运动的幅度大，重心移动的幅度也大；并且其环节质量愈大，则重心移动幅度愈大。

（三）重心转移

1. 影响因素

①重心转移与移动的质量和距离有关。多少身体环节移动了？移动多远？通常下肢动作会产生比上肢动作更多的重心转移。

②有器材时，重心取决于人体和器材的质量。例如，越长的杆和越重的杠铃会导致越多的重心改变。

2. 运动中的重心转移

［**案例**］运动中的重心转移

①短跑准备动作：学生转移重心至他即将移动的方向以缩短起跑时间。

②平衡木，重心在平衡木之上。

③学生在进行跳远/三步上篮时，起跳步短才能将重心往上提升。

图 4-41　篮球中重心的转移

（四）重心和动作技术的关系

人体重心和动作技术关系密切。例如，在研究人体的运动学特征时，首要的问题是把整个人体或人体的某环节简化为质点，才能运用力学的原理进行研究，而这些质点就是人体总重心或环节的重心，在此前提下才有可能对人体的运动进行描述，如重心位移的速度、加速度的变化。在研究百米跑的技术时，常常要测量某跑段人体重心的运动轨迹，以了解技术的合理性，如重心的运动轨迹上下起伏太大是不良的技术造成的。在运动学中往往需要了解外力对人体重心的作用情况，把力平移到重心上，首先需要求出人体重心的位置所在。在静力学中，要评价某平衡动作稳定性的稳定角，也需要知道重心的位置所在才能测量稳定角的大小，进而用稳定角这一指标对技术进行评价。例如，排球的准备姿势，两脚前开立姿势后的稳定角大于两脚平行开立的后稳定角，这对接球时后移的重心迅速前移有利。从而可以根据运动技术的要求确定动作姿势以创造保持平衡或破坏平衡的条件。又如，踢球时，作用力通过球体的重心，球就平移，如作用力不通过球体重心，球就转动。知道了球的重心位置，便可根据比赛的具体需要，踢出不同类型的球路，诸如此类不胜枚举。总之，在运动技术动作中，重心的问题是普遍存在着的。因为人体重心掌握控制不好而造成动作失败的现象常常遇到，所以人体重心与运动技术的关系十分密切。

第四节　人体的转动力学参数

人体各环节的运动都是绕关节轴的转动。转动是人体最常见的运动，是运动动作技术研究的重要方面。为了研究人体运动的规律性，必须在一定条件下将人体当做刚体处理。

一、体育运动中转动动作的类型

（一）转动轴与转动的类型

刚体转动时，刚体上的各点都做圆周运动，形成大小不等的同心圆，各圆的中心都位于同一直线上，这条直线叫做转动轴。可分为定轴转动和动轴转动。

1. 定轴转动

定轴转动是绕相对于某参考系固定轴的转动。

特点：①角位移、角速度、角加速度均相同。

②质点在垂直转轴的平面内做圆周运动。

例如，课间操前的平举动作，人体手臂绕着肩关节冠状轴的转动（图 4-42）。

图 4-42　人体的定轴转动

2. 动轴转动

如果转动轴的位置和方向相对某一参考系时变化的，称为动轴。绕动轴的转动叫作动轴转动，又叫瞬轴转动。

例如，跳水运动员做转体动作过程中（图 4–43），髋部所绕的转动轴位置和方向是不断变化的。

图 4–43　人体的动轴转动

（二）人体转动的转动轴

习惯上把体外的转动轴称为实体轴，把体内的转动轴称为非实体轴。

1. 实体轴

当人体绕固定在地面上的运动器械转动时，器械就是人体转动的实体轴。

例如，体操中不脱离握点的摆动、回环等动作（图 4–44），就是人体转动的实体轴。

图 4–44　人体转动的实体轴

2. 非实体轴

当人体作为一个整体发生转动时，是通过人体总重心的三个相互垂直的轴来判断人体转动情况的。以人的总重心为原点建立的直角坐标系的三条轴线，即为人体的基本轴。非实体轴是人体局部肢体或整体转动时所绕的位于人体内部的某特定的直线。

例如，做杠铃前平举动作时（图 4-45），人体手臂绕着肩关节冠状轴转动，以及体操中空翻加转体动作。

图 4-45　人体转动的非实体轴

二、转动运动学

（一）角位移

在分析人体的转动动作时，要把人体简化成刚体。对转动刚体而言，刚体上各点的半径在相同时间内转过相同的角度。因而，转动物体空间的位置可用角度来描述。物体在一定时间内，从一个角度转到另一个角度，其角度差就是角位移，通常规定逆时针转动角位移为正值，顺时针转动角位移为负值。

常使用度、弧度、周等作为角位移的单位。但是在力学计算中，更多地使用弧度（rad）作为角位移的单位。一弧度角的大小等于长度与半径相等的圆弧所对的圆心角。因半径为 R 的圆周的周长为 $2\pi R$，所以，一周（360 度）相对应的弧度为 $2\pi R/R=2\pi$（弧度），且有一弧度等于 360 度/2π~57 度 18 分。

人体的运动都是由肢体绕关节轴的转动组成的，所以角度、角位移是描述人体运动最常用的力学参数。

在平动运动学中常用的物理量有时间、位移、速度、加速度，称之为线量。在转动运动学中与之相对的时间、角位移、角速度、角加速度，称之为角量。角位移是评定关节活动度（ROM）的重要参数。常见的下肢关节活动度角位移如图 4-46 所示。

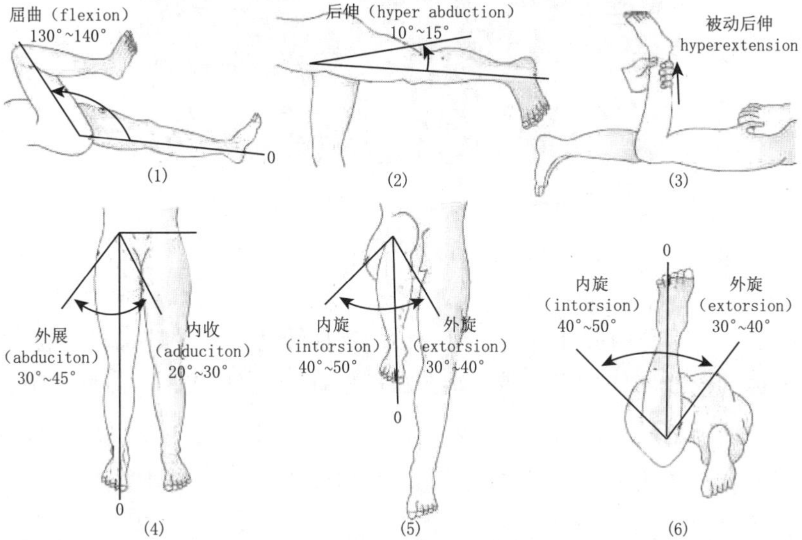

图 4-46 常见下肢关节活动度备位移

（二）角速度和线速度

分析人体的转动动作时，不仅要看转过的角度，还要考察其转动的快慢程度。物体在单位时间内转过的角度叫角速度，角速度是描述物体转动快慢的参数，单位为："弧度/秒"。平均角速度$\overline{\omega}=\frac{\Delta\varphi}{\Delta t}$，瞬时角速度是角位移 φ 对时间的一阶导数 $\omega=\frac{d\varphi}{dt}$；物体上条点作曲线运动时所具有的即时速度。线速度 $V=\omega\cdot R$，当角速度一定时，线速度 V 与半径 R 成正比。即离开转轴越远的点，其线速度越大。当半径 R 一定时，线速度 V 与角速度 ω 成正比。对于匀速圆周运动，角速度的是一个恒量，而线速度的大小虽不改变，但它的方向时刻在改变。

实例：当在赛场直道骑行中，运动员与自行车整体呈线速度，车轮的速度为角速度（图 4-47）。

图 4-47　线速度（V）与角速度（ω）

（三）角加速度

人体的运动多是由肢体的转动组成，而这种转动常常又是非匀速的，如步行过程中肢体的摆动都是变速运动。对运动员单杠大回环的研究表明（图 4-48），各阶段的角速度也是变化的，大时可达到 9.8 弧度/秒，小时为 3.4 弧度/秒。如果深入研究，就必须引进描述角速度变化的物理量——角加速度。

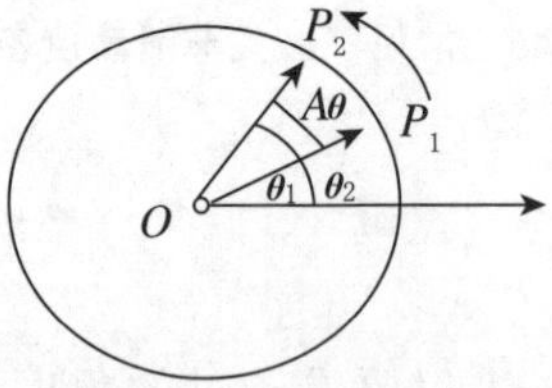

图 4-48　角加速度

角加速度：如果在 Δt 时间内物体转动角速度的增量为 $\Delta\omega$，则平均角加速度为：

$$\beta=\frac{\Delta\omega}{\Delta t}$$

瞬时角加速度等于该物体转动角速度对时间的一阶导数，或者等于单位角位移。对时间的一阶导数：

$$\beta=\frac{\mathrm{d}\omega}{\mathrm{d}t}=\frac{\mathrm{d}^2\varphi}{\mathrm{d}\,t^2}$$

[**例题**] 假设正在比赛的自行车运动员，车轮在 2 秒内转动角速度的增量为 10rad/s，求车轮在 2 秒内的平均角加速度。

解：
$$\beta=\frac{\Delta\omega}{\Delta t}=\frac{10\text{rad}\cdot\text{s}^{-1}}{2\ \text{s}^{-1}}=5\text{rad}\cdot\text{s}^{-2}$$

所以，车轮在两秒内的角加速度为 $5\text{rad}\cdot\text{s}^{-2}$。

三、转动动力学参数

(一) 形成人体转动的力学条件

从力学条件出发，人体转动的条件是，作用在人体上的外力对某一转轴的力矩的矢量和不为零，即：$\sum M\neq0$。

1. 绕实体轴的转动条件是对该轴的合外力矩不为零

如陀螺的旋转需要在外力不断的鞭打下才能进行，当外力撤出后，陀螺逐渐停止转动；又如人体使用呼啦圈在腰腹部进行旋转时，人体需要通过不断旋转腰部以提供合外力矩，才能使呼啦圈在腰部保持转动而不至于掉落（图 4-49）。

图 4-49 人体转动

2. 局部肢体绕关节轴的转动条件是肌力矩、阻力矩之和不为零

[**例题**] 当手持重物，做臂屈伸动作时（图 4-50），重物重量为 10N，前臂（阻力臂）长 40cm，肱二头肌等屈肘肌肉力臂（动力臂）长 8cm，问：要实现屈肘动作，肱二头肌等肌肉的肌力至少要达到多少？

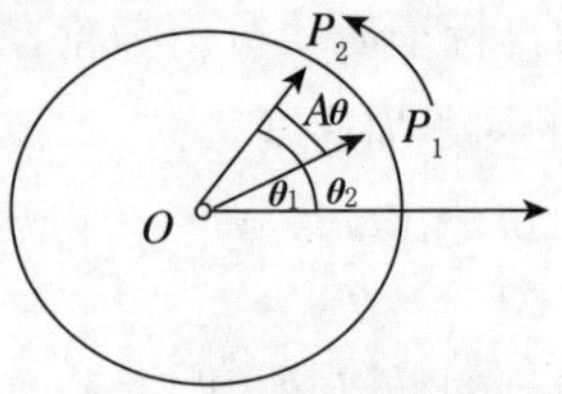

图 4-50　臂屈伸动作

解：

$$M_{肌力} \geqslant M_{阻力}$$

$$M_{阻力}=F_{阻力}\times d_{阻力}=10\times 0.4=4\ (\mathrm{N}\cdot\mathrm{m})$$

$$M_{肌力}=F_{肌力}\times d_{肌力};\ d_{肌力}=0.08\ (\mathrm{m})$$

$$所以：F_{肌力}=\frac{M_{肌力}}{d_{肌力}}\geqslant\frac{M_{阻力}}{d_{阻力}}=50\ (\mathrm{N})$$

答：要实现屈肘动作，肱二头肌等肌肉的肌力至少要达到 50N。

改变肢体的转动效果，通常采用以下途径。

（1）改变肌肉对骨杠杆的拉力矩，如位于股四头肌肌腱内的髌骨可以增加股四头肌的拉力矩，在肌力较小的情况下即可使膝关节伸直，从而达到节省肌力的目的。

（2）改变机体的转动惯量，肌力训练中，增加负重，以此增加转动惯量，达到训练效果。例如，在训练股四头肌时，采用深蹲的动作，长时间选用自重深蹲时，对股四头肌的肌力刺激小；当采用手持杠铃时，由于增加了阻力，使人体的转动惯量增加，因此可以更好地刺激股四头肌，增加股四头肌的肌力，达到训练的效果。

（二）人体的转动惯量

平动的物体具有惯性，平动物体惯性的大小用物体的质量来度量。转动的物体同样具有惯性。在力学中，物体转动惯性的大小用“转动惯量”来表示。

1. 转动惯量的概念

转动惯量的大小与物体的质量有关，还与质量分布及转轴的位置有关。质量越大，分布离轴越远，转动惯量也就越大。

物体的转动惯量是描述物体转动时保持原来运动状态的物理量。转动惯量越大，转动状态越不容易改变。例如，对不同的刚体，要得到同样的角速度，则转动惯量越大的刚体所需的外力矩越大。

理论上，对于质量为 m 的质点，如果它离轴的垂直距离为 r，那么这个质点对该转动轴的转动惯量为：

$$I=m\,r^2$$

一般物体可视为质点的集合。其转动惯量就等于各质点对转轴转动惯量的总和。

$$I=\sum M_iR_i^2$$

值得注意的是，对于转动轴的不同，转动惯量也不同，因此在指出转动惯量的大小时，须同时指明相对于哪一转轴。

例如，一个质量为50kg的人和一个质量为80kg的人坐在旋转椅上，假设两人的质量分布离转轴的距离相等，以垂直轴为转轴进行旋转，则要实现第一个人在座椅上转动需要施加的力矩将明显小于第二个人。又如一个质量为50kg的人平躺在旋转椅上，然后再坐在旋转椅上，在质量相等的情况下，人体离转轴的最长距离不相等，实现转动所施加的外力距也不一样（图4-51）。

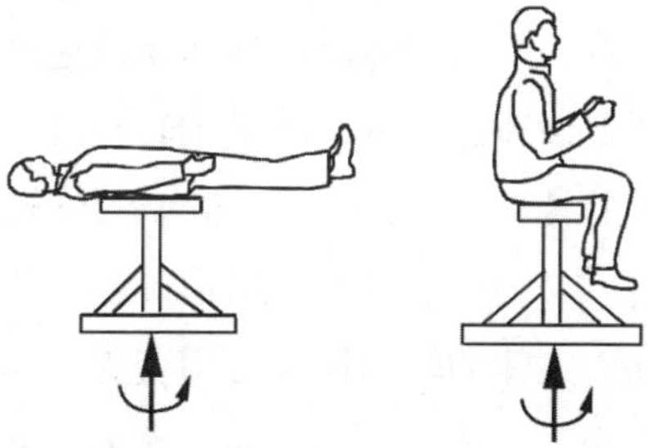

图4-51　卧姿与坐姿转动

2. 回转半径

在实际问题中，通常都是用刚体的整体质量。假设绕某轴转动的物体的全部质量集中在离轴某一距离的点上，用这个点来代表整个物体的质量。这时它的转动惯量恰好与原物体相对于此轴的转动惯量是相等的，则称这个距离为回转半径（R）用公式表示为：

$$I=\sum M_iR_i^2=MR^2$$

$$R=\sqrt{I/M}$$

如果知道了转动物体的转动惯量和质量，可利用以上公式求回转半径。例如，一个质量为50kg的人，转动惯量为4.5kg·m^2，可通过公式计算得到 $R=\sqrt{I/M}=0.3\text{m}$，即回转半径为0.3m。

3. 人体转动惯量的特点

物体转动惯量的大小由三个因素所决定：一个是全部质量，当物体的质量减少时，转动惯量也随之减小，例如一个 80kg 的人，经过三个月的减肥运动训练后，体重减小至 50kg，因此转动惯量减少了 0.6 倍；二是全部质量的分布情况，也就是物体的形状和大小；三是转轴的位置。同一质量的质点离开转轴的垂直距离 r 如果扩大 2 倍，它的转动惯量就扩大 4 倍，可知物体的大小形状对它的转动惯量有很大地影响。

同时必须注意，即使是同一物体，如转轴位置改变，它的转动惯量也要跟着改变。如当人体坐在旋转椅上时，此时绕垂直轴进行旋转，人体的回转半径大致为躯干横径的一半；当人体平躺在旋转椅上时，此时绕矢状轴进行旋转，人体的回转半径大致为身高的一半。很明显，这两种情况下人体的回转半径明显不同，转动惯量也不同。

人体环节绕通过环节重心的纵轴转动惯量要比绕通过环节重心的横轴转动时的转动惯量要小得多。环节绕通过它重心的横轴转动时，它的转动惯量约为绕通过它近侧端的横轴转动时的转动惯量的 1/3。整个人体转动时，它的转动惯量的大小除受转轴位置的影响，如上所述环节的情形外，人体姿势的改变也大大影响它转动惯量的量值。因此，人体的转动惯量可用变更身体各部分相互的位置的方法加以改变。其实质是改变了身体的回转半径，身体各部分离转轴越近，它的转动惯量就越小，反之它的转动惯量就越大。人体绕纵轴转动时，两臂平举，两腿弯曲或外展，则转动惯量就大；两臂下垂，身体绕横轴转动时，身体和下肢伸直，转动惯量就小，见图 4-52。

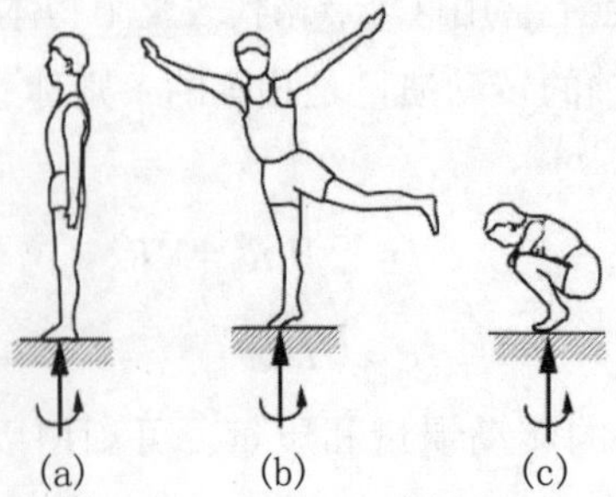

图 4-52 不同身体姿势下的转动（一）

人体绕横轴转动时，身体伸直，转动惯量大；身体蜷曲，转动惯量约减少2/3；坐姿时，约为卧姿时的1/3（图4-53）。

图4-53　不同身体姿势下的转动（二）

[**例题**] 一个质量为50kg的学生，坐在旋转椅上，双手叉腰，回转半径为0.4m。

（1）求此时该同学的转动惯量。

（2）当这位同学双手外展时，回转半径为0.8m，转动惯量扩大了几倍？

（3）当这位同学身体平躺在旋转椅上时，转动惯量为40.5kg·m^2，求此时的回转半径。

（4）当这位同学身体蜷缩，回转半径为0.3m，求此时的转动惯量。

解：

（1）由题意可知，$M=50\text{kg}$，$R=0.4\text{m}$

$$I=MR^2=50\times0.4^2=8\ \text{kg}\cdot\text{m}^2$$

所以，此时这位同学的转动惯量为8 kg·m^2。

（2）由题意可知，此时$R_1=0.8\text{m}$

$$I_1=MR_1^2=50\times0.8^2=32\ \text{kg}\cdot\text{m}^2$$

$$\frac{I_1}{I}=\frac{4}{1}$$

所以，当这位同学双手外展时，转动惯量扩大了4倍。

（3）由题意可知，$I_2=40.5\text{kg}\cdot\text{m}^2$

$$R_2=\sqrt{\frac{I_2}{M}}=0.9\text{m}$$

所以，此时的回转半径为 0.9m。

（4）由题意可知，$R_3=0.3\text{m}$

$$I_3=MR_3^2=50\times0.3^2=4.5\text{kg}\cdot\text{m}^2$$

所以，此时的转动惯量为 4.5 $\text{kg}\cdot\text{m}^2$。

利用人体转动惯性的可行性，在体育运动中，可以通过变换转动周或通过改变人体姿势来改变转动惯量，来完成各种高难度动作。

例如，在跳水项目中，运动员可以通过团身的动作改变转动惯量减少身体的回转半径，见图 4-54，增加了旋转的角速度，在要入水前，躯干打开，角速度减小可以相对增加在空中看目标的时间，为入水时的压水花动作做好准备。又如，在体操项目的单杠大回环中，运动员在向上翻转的过程中可以通过屈膝团身的动作增加向上翻转的速度，为空中优美的技术动作做好准备。又如，短跑过程中，运动员在摆腿时，通常通过折叠大小腿来减小下肢对髋轴的转动惯量，增加角速度，从而实现快速的前摆运动，上肢则采取屈曲前臂的方法，减小上肢对肩轴的转动惯量，增加后摆的角速度。因此，运动员通过正确的理论指导，加上勤学苦练，一定能够获得事半功倍的效果。

图 4-54　跳水团身动作

表 4-1　物体和人体对不同轴的转动惯量表

物体质量为 m，密度均匀	转轴	转动惯量 $\text{kg}\cdot\text{m}^2$
细棒长度为 l	通过棒中心并与其垂直	$ml^2/12$
	通过棒的端点与其垂直	$ml^2/3$
薄矩形板长 $2a$ 宽 $2b$	通过重心与面平行、垂直	$ma^2/3$；$m(a^2+b^2)/3$

续表

薄圆板，半径为 r	通过中心与板面垂直	$mr^2/2$
	直径	$mr^2/4$
圆台、高 2a、半径 r	圆台的轴	$mr^2/2$
	通过重心与轴垂直	$m(4a^2+3r^2)/12$
球半径 r	直径	$2mr^2/5$
人体四肢（长度）	通过近侧端关节	$0.3ml^2$
	通过重心的横轴	$0.1ml^2$
立正人体	通过重心的竖直轴	1.2
躺卧的人体	通过重心的竖直轴	17

4. 转动定律

在刚体绕定轴转动时，刚体对轴的转动惯量 I 与角加速度之乘积在数值上等于刚体所受的合外力矩 M（M，I 都是对同一条轴而言的）。这一结论叫做刚体绕定轴的转动定律。其数学表达式为：

$$M=I\beta$$

这一公式表述了刚体在合外力矩作用下绕定轴转动的瞬时效应，即某时刻的合外力矩将引起该时刻刚体转动状态的改变，亦即使刚体获得角加速度。当合外力矩为零时，角加速度也为零，则刚体处于静止或匀角速转动状态；若合外力矩为一恒量，则刚体做匀角加速转动；若合外力矩时时变化，则刚体将做变角加速转动，即

$$M=I\frac{d\omega}{dt}\text{或 }M=I\frac{d^2\theta}{dt^2}$$

①如果作用于刚体的主动力对转轴的矩的代数和不等于零，则刚体的转动状态一定发生变化。如抽打地面旋转的陀螺时，绳条的力矩作用于陀螺时，陀螺的转动状态是加速过程；当力矩消失之后，陀螺的转动状态在摩擦力力矩的作用下，转动速度逐渐下降。

②如果作用于刚体的主动力对转轴的矩的代数和等于零，则刚体作匀速转动；如果主动力对转轴的矩的代数和为恒量，则刚体作匀变速转动。

③在一定的时间间隔内，当主动力对转轴的矩一定时，刚体的转动惯量越大，转动状态变化越小；转动惯量越小，转动状态变化越大。这就是说，刚体的

转动惯量的大小表现了刚体转动状态改变的难易程度。因此说，转动惯量是刚体转动时惯性的度量。例如，用 10*N* 的力转动一个半径为 0.2*m* 的气球时，非常容易，但是转动一个半径为 0.2*m* 的铅球时就难多了。半径相同，但是质量不同，因此气球的转动惯量小，转动的状态容易发生变化，铅球的质量大，转动的状态相对不容易发生变化。

四、动量矩定理

（一）动量矩定理概述

刚体的转动惯量与其转动角速度的乘积为该转动刚体的动量矩（H_0），作用其上的合外力与合力到同一转轴的距离的乘积为作用在刚体上的合外力矩，力矩与其作用时间的乘积为冲量矩。在经过时间 Δt 后，刚体转动角速度由 ω_1 变为 ω_2，则其外力矩的冲量矩就等于刚体动量矩的增量，即

$$M \cdot \Delta t = I_2\omega_2 - I_1\omega_1$$

这就是动量矩定理。

写成质点系动量矩定理的矢量形式

$$\frac{dH_0}{dt} = M_0$$

质点系对任一固定点的动量矩对时间的导数等于质点系所受外力对同一点的矩的矢量和。

如果质点系所受外力对某一固定点或轴的矩始终为零，则质点系对该点或轴的动量矩保持不变，这就是质点系的动量矩守恒定律。

$$\frac{dH_0}{dt} = 0 \quad \text{或} \quad I_2\omega_2 - I_1\omega_1 = 0$$

根据动量矩定理，在体育运动中，如果我们要达到更大的动量矩，就需要采取合理的技术加大力矩和延长力矩作用时间。增大力矩，一方面可以增加作用力，另一方面可以增大力到转轴的距离，从而获得更大的力矩。例如在单杠下摆过程中，有两种技术可以增加重力矩，一是人体充分伸直，脚尖远伸走最大的弧线，使重心远离支点，从而获得更大的重力矩；二是在杠上垂线之后，脚面下压弯曲髋关节，使重心迅速转移，有效地增加重心与单杠之间的水平距离，从而达到尽快加大重力矩的目的。这就是属于一伸一屈的“盖式”振浪技术。

（二）动量矩守恒定律及其应用

如果质点系所受外力对某一固定点（或轴）的矩始终为零，则质点系对该点（或轴）的动量矩保持不变，这就是质点系的动量矩守恒定律。

人体在转动过程中，如果受合外力矩为零，则人体的动量矩为一常数，即

$$\sum M=0,\ I_1\omega_1=I_2\omega_2=\text{常数}$$

在人体所受合外力矩为零时（如腾空状态），整个人体的动量矩守恒，这时可以通过改变身体姿势来增大或减小转动惯量，达到减缓或者加快转动速度的目的。

在竞技体育的腾空动作中，根据动量矩守恒定理，人体总动量矩 Iω 保持不变，但转动惯量的大小则可通过屈伸、抱紧、展开等技术来调整，因而，可以通过团身、抱紧等技术来加速空中的翻转。在要落地时又可以通过伸展身体来减缓翻转速度，有利于落地站稳。

[例题]

一名跳水运动员，体重为50kg，当她在离板后，在空中翻腾时，身体的回转半径为0.5m，翻腾角速度为30°/s，在她身体逐渐展开时，身体的回转半径为0.8m，求此时的翻腾角速度。

解：

由题意可知：$I_1=MR_1^2=50\text{kg}\cdot(0.5\text{m})^2=12.5\ \text{kg}\cdot\text{m}^2$

$$I_1\omega_1=12.5\ \text{kg}\cdot\text{m}^2\cdot 30°/\text{s}=375\ \text{kg}\cdot\text{m}^2°/\text{s}$$

$$I_2=MR_2^2=50\text{kg}\cdot(0.8\text{m})^2=32\text{kg}\cdot\text{m}^2$$

根据动量矩守恒定律可知：$I_1\omega_1=I_2\omega_2$

$$\omega_2=\frac{I_1\omega_1}{I_2}=\frac{375\text{kg}\cdot\text{m}^2°/s}{32\text{kg}\cdot\text{m}^2}=11.719°/\text{s}$$

答：此时的翻腾角速度为11.719°/s。

根据动量矩原理，在人体活动中，如果我们要使人体获得更大的动量矩，就需采用合理的技术来加大力矩和延长力矩作用的时间。增大力矩，一方面可增大作用力，另一方面可增大力到转轴的距离，从而获得更大的力矩。

动量矩守恒定理为“晚旋”动作的原理可提供可靠的理论依据。“晚旋”动作人体腾空时，和对于人体的三个惯量主轴是对称的，惯量积都为零，而腾空后

由于手臂的相对运动，造成人体的不对称运动，即惯量积不为零，这时总动量矩必须守恒，必然产生人体纵轴旋转。这就是“晚旋”动作的动量矩守恒理论依据。

第五节　生物力学原理在技术动作分析中和错误动作纠正中的应用案例

本节以具体的足球脚内侧传球技术动作来举例说明生物力学原理以及它们在技术动作分析中和错误动作纠正中的应用。表4–2是技术动作分析表，表4–3说明首先要纠正的错误动作、生物力学原理分析错误动作的原因、对错误动作的干预措施。

表 4–2　足球脚内侧传球技术动作分析表

阶段	关键技术	是否呈现技术	备注
准备	1. 双脚分开与肩同宽	是	
	2. 面向目标	是	
	3. 眼睛平视目标	是	
	4. 背部挺直	是	
	5. 双臂在体侧自然放松	是	
执行	1. 移动并将支撑脚置于球侧	是	击球腿向后摆动幅度太小 击球脚脚尖指向侧面 45 度 击球的右侧面
	2. 支撑腿弯膝	否	
	3. 支撑脚脚尖方向对准球	是	
	4. 击球腿向后摆动	否	
	5. 击球脚向前摆动	是	
	6. 击球脚膝外展，脚尖指外	否	
	7. 重心向前转换	是	
	8. 双臂摆动与脚的动作相对应	是	
	9. 用脚内侧击球的中部	否	
跟进	1. 击球脚随前跟进	否	跟进不够

表 4-3　错误动作排列、力学原理及干预措施

错误	力学原理	2~3 个干预措施
1. 支撑腿弯膝不够	因为弯膝关节不够，导致运动范围受到限制，从而影响动量的产生。产生的力量小，球传的没有力量	口头提示学生要弯膝盖
		设置一个一定高度的标志物，要求支撑腿大腿与之平行
2. 击球腿向后摆动幅度太小	击球腿向后摆动幅度太小，产生较小的动量，导致球传的没有力量	口头提示学生
		设置一个一定高度的标志物，要求击球腿向后摆动要接触这个标志物
3. 跟进不够	跟进不够，动作幅度小，导致击球力量小，传球没有力量	口头提示学生
		在前面放一个标志垫，要求学生击球脚跟进后，要踩在标志垫上
4. 击球的右侧面	因为击球点在球的右侧面，导致球偏离方向，向左侧面	口头提示学生
		在球的中部贴一个标志

参考文献

[1] 钱竞光，宋雅伟．运动康复生物力学［M］．北京：人民体育出版社，2015.

[2] https：//image. baidu. com/search/detail？ ct=503316480&z=0&ipn.

[3] 何万龄．摩擦力的理解和应用分析［J］．中学生数理化（高一版），2013（10）：25-26.

[4] 王明奇．力学知识在体育运动中的应用研究［J］．中学物理教学参考，2018，47（8）：48-49.

[5] 刘筱玲，陈国平．理论力学［M］．重庆：重庆大学出版社，2018.

[6] 中国体育科学学会运动生物力学分会．第二十届全国运动生物力学学术交流大会论文摘要汇编［C］．中国体育科学学会运动生物力学分会：中国体育科学学会运动生物力学分会，2018：2.

[7] 罗建新，运动生物力学［M］．北京：北京师范大学出版社，2010.

[8] www. baidu. com.

[9] https：//m. sohu. com/a/63937004_ 353587/？ pvid=000115_ 3w_ a.

[10] https：//m. sohu. com/a/110021852_ 119705/？ pvid=000115_ 3w_ a.

第五章 CHAPTER 05 教学步骤的设计

教学步骤是教学目标与评价的中间关联部分。对成功地实现教学目标起到决定性作用。本章主要介绍教学步骤的定义以及它的重要性，四项练习任务的定义以及设计教学步骤的注意事项，并通过案例来阐述如何设计循序渐进的教学步骤。

第一节　教学步骤的内涵与教学任务的分类

在一名体育教师决定了选择哪个课程模式来进行体育课教学以后，下一步就是要根据特定的课程目标来决定教学内容。通过这些教学内容，学生可以学会技术、战术、比赛意识、体育道德行为等知识与能力，从而成功地完成教学目标。这些教学内容一般都是要通过循序渐进的教学步骤体现出来的。

一、教学步骤的内涵

教学步骤是指通过增加练习任务的难易程度和复杂程度而设计出来的一系列从容易、简单到难度高、复杂的、循序渐进的练习任务。从而提高学生的运动技能 Siedentop & Tannehill（1999）。[①] 教学步骤就像滚雪球，会变得越来越多，最后变成知识库，知识库就像厨师烹饪的所有原材料。体育教师，像一名厨师一样，可以根据学生的身心发展规律和现有的技能能力，从里面选择适合的教学练习来进行教学。

①Siedentop, D. , & Tannehill, D. . Developing teaching skills in physical education [M]. Mountain View, CA: Mayfield publishing company, 1999.

教学步骤设计是指体育教师依据教学最佳化和程序教学法的基本原理，在对体育学科内容各要素进行系统分析和归纳后，将学科内容转化为教学内容，再将教学内容有序且具逻辑性地编制成适合教学对象学习的若干教学程序的过程。[①]构成一个直线型的最佳技术教学路线，在最短的时间里让学生学习和掌握各技术环节和整体技术。

教学步骤设计的好坏直接决定了学生学习的质量以及效果。对于教学步骤里的任何一个练习任务，必须要符合学生的身心发展规律以及现有的知识和技能能力。如果太难，学生就容易失败，从而产生沮丧，进而放弃参与到练习中去；如果太容易，学生就会产生厌倦感和无聊感，练习的兴趣就不高，甚至会放弃参与到练习中去。

二、教学任务的分类

在体育运动技术教学中，教学步骤的设计简单来说就是要安排出练习任务，这些任务逐层之间按照从大到小、从简到繁、从易到难分成更具体的任务，在完成每一个具体练习的过程中将这项大的教学任务分解完成。所以，在设计教学步骤之前，首先要明确教学任务的分类。借鉴美国学者 Judy Rink（1985）对体育教学任务的类型划分框架来刻画体育教师对教学任务设计的类型，Rink 依据学生对体育技能掌握的认知水平从低到高将教学任务划分为四类：介绍任务（informing task）、精炼任务（refinement task）、拓展任务（extension task），以及应用任务（application task）。[②]

（一）介绍任务

介绍任务是指学习一项新技能的一系列练习任务中的第一个练习任务。比如，对于篮球胸前双手传球技术，在教师完成讲解和示范以后，教师给初学者（3 年级学生）进行的第一个练习任务通常是两个学生之间 5 米间隔进行静止胸前双手传球。这个练习任务就是介绍任务。针对不同技能水平的学生和不同的课时，介绍任务可以是不同的。仍然以篮球胸前双手传球技术为例，在完成第一课

①汪鸿，吴云飞．跨栏跑技术教学手段的优选与最佳教学步骤的量化研究［J］．北京体育大学学报，2005，28（6）：822-824.

②Rink，J.．Teaching for learning in physical education［M］．St. Louis：C. V. Mosby，1985.

时以后，第二次课时的第一练习任务是2打1消极防守。2打1消极防守就是介绍任务。同样针对3年级的学生，在具有一定的胸前双手传球技术以后，教师给他们的第一练习任务可能是两名进攻队员和一名防守队员积极防守，在快速行进间进行胸前双手传球。在这种情况下，介绍任务就是2打1积极防守快速行进间进行胸前双手传球。

（二）精炼任务

精炼任务是指通过提高技术动作质量来提高学生技能水平的练习任务。以两人静止胸前双手传球练习为例，在学生练习时，教师发现有的学生没有向前迈步，导致球没有传到对面的学生。这个时候，教师在学生面前放一个标志垫子，要求学生在传球时将左脚迈到垫子上。这个练习任务就是精炼任务。相对于前一个任务，这个任务的条件没有变化。相反，任务的重点发生了变化，使学生的注意力集中在技术技能或动作上。那就是纠正传球的错误动作，从而提高技术质量。

（三）拓展任务

拓展任务是指通过改变一项练习任务的环境条件以及难易度和复杂程度而产生新的练习任务。比如，对于两人5米静止胸前双手传球练习，可以将距离延伸到8米。或者，两人在慢速行进间进行胸前双手传球练习。或者是使用胸前双手传球练习进行2打1消极防守练习。这些练习任务就是拓展任务。

（四）应用任务

应用任务是指将学生的注意力从如何独立完成某项技能转移到在游戏或比赛情境中进行练习该技能。比如，3打3游戏或比赛，要求学生只能使用胸前双手传球技术，队员在过了底线接到队员的传球就得一分。

这四项任务主要针对传统的运动技术教学，并一定使用于其他课程模式。比如实战情境比赛课程教学模式。实战情境教学课程模式是以真实比赛的技战术情境组合练习为教学内容，并通过模拟真实比赛场景以练习技战术为基础、技战术综合运用为重点、教学比赛为主线来实现教学目标的一种教学模式。它由实战情境组合练习、感知与相关关系分析及制定决策、执行和实施决策、比赛表现四个部分组成。[1] 在这种课程模式下，只有通知、精炼、拓展任务。因为所有的技战术情境组合练习都是在应用学生的知识和技能，因此没有应用任务之分。

体育教师上的每一节课，都是由若干教学任务构成的，对体育教师的课堂教学任务进行分析，可以进行教学步骤设计的反馈，使教师在教学步骤设计的时候就可以观察到自己设计的任务量和任务层次性是否合适，也可以对专家教师和新手教师布置的教学任务进行对比，这也是深入分析研究体育课堂教学的一种有效方法。有研究显示，在教学中，拓展任务和精炼任务越多，教学效果会越好。

第二节 教学步骤的设计及案例

教学步骤的设计就像为体育教师建立起一个教学步骤安排的任务库，这个库是由若干个小的教学任务组合而成。体育教师在设计教学步骤的时候要首先明确教学步骤设计的影响因素。

一、教学步骤设计的影响因素

体育教师可以通过改变许多练习因素来改变练习任务的难易度，从而设计出一系列由易到难、循序渐进的教学步骤。这些因素包括如下几个。

（一）空间

体育教师可以通过改变空间的大小来增加或减少练习任务的难易度。比如，对于 15×15m 的场地进行足球运球练习任务，为了增加练习的难度，可以将场地减少到 10×8m 的空间或者更小的空间。

（二）距离

体育教师可以通过改变练习距离来增加或减少练习任务的难易度。比如，将篮球静止胸前双手传球的距离从 5m 延伸到 10m，从而增加传球的难度。

①Li, W., Xie, X., & Li, H.. Situated game teaching through set plays: A curricular model to teaching sports in physical education [J]. Journal of Teaching in Physical Education, 2018, 37: 352-362.

（三）仪器和设备

体育教师可以采用不同的仪器和设备来增加或减少练习任务的难易度。比如，对儿童学习下手掷球技术动作，可以选择重量大一点的球来增加动作的难度。

（四）比赛规则

体育技术可以通过改变比赛规则来增加或减少练习任务的难易度。比如，在3年级学生篮球3打3比赛中，取消禁区3秒的规则，这样可以让比赛更顺利地进行，减少因3秒为例而中断的时间。在足球运球游戏比赛里，可以规定1分钟，看哪个队运球成功次数最多。时间的限制增加了游戏的难度，也同时增加了学生的兴趣和动机，从而更好地参与到练习任务里。

（五）练习人数

体育教师可以通过增加或减少练习人数来增加或减少练习任务的难易度。比如，在3打1的比赛中，可以增加一个防守队员，变成3打2，从而增加进攻的难度。

（六）战术

当一项练习任务不仅涉及技术，同时涉及战术时，体育教师可以通过增加或减少战术来增加或减少练习任务的难易度。比如，在1对1的练习中，加一个进攻队员，变成2打1，这样就有与其他队员进行战术配合的选择机会，这样就增加了练习任务的难度。队员不仅要考虑自己防守队员的站位以及技能能力，还要考虑自己队友的站位和技能能力，结合自己的站位和技能能力，进而找出比赛的进攻点，制定进攻决策，并在比赛中实施。

（七）封闭式和开放式练习

体育比赛的成功不仅取决于运动技术的成功执行，同时还涉及战术和策略的执行。体育教师可以通过设计封闭性和开放式练习来提高学生的技术和比赛能力。封闭式练习是指在固定的环境下完成一项技术动作。在整个动作完成的过程里，练习环境不产生任何变化。比如，在日常篮球罚篮练习训练中，篮球的罚球投篮技术动作就是封闭式练习。篮圈和篮板没有变化，距离没有改变，同时也没有对方球迷的干扰。而开放式练习则是指在不断变化的环境下完成一项技术动作。学生必须根据环境的改变来决定如何完成技术动作。比如，在 1 对 1 跳投投篮的情境下，持球队员必须根据防守队员的防守情况来做出相应的进攻决策。这个就是开放式练习。这个练习就比罚篮投篮动作要难得多了。①

二、教学步骤的设计

体育教师可以通过改变这七个因素来设计不同的教学步骤。

（一）篮球传球教学步骤设计（表 5-1）

表 5-1　篮球传球的教学步骤

1. 固定传球并空位移动：在有三个球员的三个角落的方格中，将球传给另两个球员中的一个并空位移动
2. 跑空位并从中线将球传到基线：两名球员从中线移动到基线的同时来回传球
3. 固定传球，空位移动，消极防守：在有三个球员的三个角落的方格中，将球传给另外两个球员中的一个并空位移动。防守队员移动消极防守，举起手放在传球球员面前（不抢断）
4. 固定传球，空位移动，半积极防守（warm defender）：在有三个球员的三个角落的方格中，将球传给另外两个球员中的一个并空位移动。防守队员移动进行半积极防守，将通过上下移动双手来阻挡传球线路（不抢断）
5. 固定传球，空位移动，积极防守（active defender）：在有三个球员的三个角落的方格中，将球传给另外两个球员中的一个并空位移动。防守队员移动进行积极防守，并进行抢断球。
6. 中线移动并传球到基线，消极防守：两名球员从中线移动到基线的同时来回传球。一名防守队员进行消极防守，不抢断球，只在两名传球球员之间向后移动以保证不阻断传球路线
7. 中线移动并传球到基线，半积极防守：两名球员从中线移动到基线的同时来回传球。一名防守队员进行半积极防守，在两名传球球员之间施加压力，干扰或阻断传球路线，但不抢断球
8. 中线移动并传球到基线，积极防守：两名球员从中线移动到基线的同时来回传球。一名防守队员进行积极防守，在两名传球球员之间施加压力，抢断球

①Siedentop，D.，& Tannehill，D.．Developing teaching skills in physical education［M］. Mountain View，CA：Mayfield publishing company，1999.

续表

9. 2对0：一名球员将球传给另一名球员，跑动，向篮下切入，接另一名球员的传球，然后投篮（三步上篮或跳投）
10. 2对1消极防守：一名球员将球传给另一名球员，跑动来摆脱消极防守队员，向篮下切入，接另一名球员的传球，然后投篮（三步上篮或跳投）。防守队员双手举起，进行静止消极防守
11. 2对1半积极防守：一名球员将球传给另一名球员，跑动来摆脱半积极防守队员，向篮下切入，接另一名球员的传球，然后投篮（三步上篮或跳投）。防守队员提供移动双手和脚步，进行半消极防守，不抢断球
12. 2对1积极防守：一名球员将球传给另一名球员，跑动来摆脱积极防守队员，向篮下切入，接另一名球员的传球，然后投篮（三步上篮或跳投）。防守队员进行积极防守，抢断球

从这个设计中可以看出，对篮球传球教学步骤的安排是根据从无球到有球、从原地到行进间、从无防守到消极防守再到积极防守、从单一技术到组合技术的顺序来安排教学步骤。首先，改变了练习的空间。在不同的位置进行移动，从中线到基线的移动。其次，改变了运动的人数。两人的互相传球、不同的跑位传球，再到加入防守队员的练习。再次，改变了练习的规则。从开始的只是注重两人传球的技术练习到后面结合投篮的练习。最后，这个练习加入了战术。不仅仅是两名同方队员的封闭式练习，更多的是加入了从无防守到消极防守再到积极防守的实战情境，这种练习就是一种开放式的练习。所以本教学步骤的设计包含了通知任务、拓展任务和应用任务的设计在里面。

（二）排球传垫综合教学步骤设计（表5-2）

表5-2　排球传垫综合教学步骤

1. 原地抛接：两人一组，原地一人抛球，对方去接球，要求直臂接球，将球控制在范围内
2. 原地抛垫：两人一组，一人抛球，对方去垫球，要求直臂垫球，将球控制在范围内
3. 移动抛垫：两人一组，一人抛球，对方去垫球；进行左右、前后抛球的变化
4. 移动对垫：两人一组，移动中同伴对垫，进行左右、前后位置变化
5. 两人抛、垫、接：两人一组，隔网一抛一垫一接，在移动和网子高度的限制中进行垫球练习
6. 隔网互垫：2对2，隔网互垫练习，同侧必须垫3次再过网，但不能超过3次
7. 对垫比赛：3对3，隔网垫球比赛，同侧必须垫3次再过网，但不能超过3次

续表

8. 加拦网对垫比赛：5 对 5，隔网垫球比赛，同侧必须垫 3 次再过网，但不能超过 3 次。对方将球垫过来时，本方可以加两名队员进行拦网
9. 原地抛接：两人一组，原地一人抛球，对方双手以传球姿势在额前接球，将球控制在范围内
10. 原地抛传：两人一组，一人抛球，对方去传球，将球控制在范围内
11. 移动抛传：两人一组，一人抛球，对方去传球；进行左右、前后抛球的变化
12. 移动对传：两人一组，移动中同伴对传，进行左右、前后位置变化
13. 两人抛、传、接：两人一组，隔网一抛一传一接，在移动和网子高度的限制中进行传球练习
14. 隔网互传：2 对 2，隔网互传练习，同侧必须传 3 次再过网，但不能超过 3 次
15. 对传比赛：3 对 3，隔网传球比赛，同侧必须传 3 次再过网，但不能超过 3 次
16. 传垫练习：3 人一组，一人隔网抛球，其他两名同学一垫一传过网
17. 3 对 3 传垫练习：隔网传垫比赛，本方一人抛球，一人垫球、一人传球过网
18. 3 对 3 传垫比赛：对方抛球，本方三人一垫、两传将球击过网
19. 加拦网传垫比赛：5 对 5，隔网传垫比赛，同侧必须传垫 3 次再过网，但不能超过 3 次。对方将球传、垫过来时，本方可以加两名队员进行拦网

在这个设计中，是对排球正面双手垫球和正面双手传球的基本练习步骤，以及传垫结合后的基本练习步骤。在这些练习步骤的设计中，主要变化的要素有空间变化、人数变化、战术变化，并且按照从原地到行进间、从一般场地到正规场地、从单侧场地到全场场地、从单项技术到综合技术的组合。

（三）足球运传综合教学步骤设计（表 5-3）

表 5-3　足球运传综合教学步骤

1. 球性练习：每人一球，做原地和行进间的多部位触球（头顶、胸触、肩触、大腿正面触球）、原地和行进间的踩球、盘球、拉球、拨球、控制触球力度
2. 脚背正面直线运球：两人一组，迎面逐渐增加距离的运球练习
3. 脚背正面变向运球：两人一组，左右变换方向。也可以绕标志物、绕 8 字运球、逐渐增加距离长度的变向运球练习
4. 加消极防守的直线运球：一人直线运球，一人消极抢断
5. 加消极防守的变向运球：一人变向运球，一人消极防守

续表

6. 运球比赛：直线运球接力、变向运球接力比赛
7. 加积极防守的运球比赛：规定场地，攻守防相同的人，一方可以采用直线运球与变向运球任意的运球方式，另一方积极防守，夺回球后交换球权
8. 原地脚内侧传接球：两人一组，原地距离从近到远，方向从正到偏进行传接球练习
9. 行进间脚内侧传接球：两人一组，在跑动中距离从近到远，方向从正到偏进行传接球练习
10. 三人行进间脚内侧传接球：三人一组，变化跑位，进行行进间传接球练习
11. 四人行进间脚内侧传接球：四人一组，变化跑位，进行行进间传接球练习
12. 加消极防守的脚内侧传接球练习：2 对 2，加消极防守的行进间脚内侧传接球练习
13. 加积极防守的脚内侧传接球练习：3 对 3，加消极防守的行进间脚内侧传接球练习
14. 脚内侧传接球比赛：规定场地，攻守防相同的人，一方可以采用脚内侧传接球的形式传球，另一方积极防守，夺回球后交换球权
15. 脚背运球和传接球结合练习：3 对 3，加消极防守的运传结合练习
16. 脚背运球和传接球结合比赛：3 对 3，加积极防守的运传结合比赛
17. 小场地运传比赛：规定场地，攻守防相同的人，一方可以采用脚背运球和脚内侧传接球的形式进行运、传球，另一方积极防守，夺回球后交换球权

该设计主要从足球脚背正面运球和脚内侧传接球两个技术的教学步骤设计进行，在设计中遵循了从原地到行进间、从短距离到长距离、从直线到曲线、从正向到变向、从无防守到消极防守再到积极防守、从一般练习到应用比赛的设计思路。在整体设计中变化的要素主要有空间变化、距离变化、人数变化、战术变化、封闭和开放练习的变化等。设计的变化要素基本都出现在设计中。

（四）田径跨栏跑教学步骤设计（表 5-4）

表 5-4　跨栏跑教学步骤

1. 原地练习摆动腿积极前跨下压练习
2. 走动中栏架侧体会摆动腿积极前跨下压练习
3. 慢跑中栏架侧体会摆动腿积极前跨下压练习
4. 原地练习起跨腿积极蹬地、外展、提拉练习
5. 走动中栏架侧体会起跨腿动作要领练习

续表

6. 慢跑中栏架侧体会起跨腿动作要领练习
7. 原地体会摆动腿与起跨腿的连贯动作，并加上摆臂协调练习
8. 走动中栏架侧体会跨栏步完整动作练习
9. 慢跑中栏架侧体会跨栏步完整动作练习
10. 慢跑中栏架上体会跨栏步完整动作练习
11. 加速跑中跨越栏架，体会跨栏步完整动作练习
12. 半蹲式起跑慢速跨越第一栏练习
13. 蹲踞式起跑跨越第一栏练习
14. 强化跨栏坐和摆动腿技术练习
15. 确定步点进行完整的蹲踞式起跑到第一栏练习
16. 站立式起跑做跨栏步练习
17. 站立式起跑跨过 3-4 栏，栏间 3 步，可缩短距离练习
18. 站立式起跑跨过 3-4 栏，栏间 5 步练习
19. 站立式起跑，跨过 5 栏、8 栏练习
20. 放有栏架的障碍跑比赛
21. 蹲踞式起跑后过 5 栏、8 栏、10 栏比赛
22. 全程跑练习，栏间 3 步或 5 步练习
23 全程跑比赛
24. 全程跑练习，用简易栏架来纠正动作

本设计重点对跨栏跑技术进行了较完整的教学步骤设计，从最开始的跨栏步教学到起跑至第一栏，再到过栏和栏间跑以及最后的全程跑，都遵循了循序渐进的原则，从静止到行进间、从慢速到快速、从训练栏架到正规栏架的变化。在设计中基本各种设计要素的变化都体现在其中。[①]

①胡树森．田径［M］．广州：华南理工大学出版社，2008：51.

（五）快速跑教学步骤设计（表5-5）

表5-5　快速跑教学步骤

1. 原地摆臂练习：听信号加快摆臂频率的练习
2. 增加步幅的练习：大跨步、后蹬跑、高抬腿等练习
3. 增加步频的练习：小步跑、跨步跳等练习
4. 20米快速跑：20米快速放松大步跑练习
5. 30米快速跑：30米快速放松大步跑练习
6. 反应练习：听信号，采用多种起跑姿势，练习反应能力
7. 半蹲式起跑练习：半蹲式起跑后加速10米
8. 蹲踞式起跑练习：蹲踞式跑后加速10米
9. 20米加速跑：蹲踞式起跑后加速跑20米
10. 冲刺跑：20米加速跑冲刺
11. 半蹲式起跑后全程跑
12. 蹲踞式起跑后全程跑
13. 强化快速大步跑的技术练习：对基本跑步动作进行纠正的练习
14. 接力比赛：采用多种形式的接力比赛来促进跑的练习
15. 全程跑比赛：采用蹲踞式起跑的全程跑比赛

本设计是对快速跑从放松跑、起跑和起跑后的加速跑、冲刺跑、全程跑的教学步骤进行了基本的设计，其中变化的要素主要有距离、人数、战术、仪器和设备等。通过对这些要素的变化，来改变快速跑教学的步骤。

第三节　教学步骤设计的选择

教学步骤的设计就像为体育教师构建了一个学科知识库，但在具体的课堂教学中，教师还需要对这些教学步骤进行有效的选择，才能形成每一堂课的具体的教学步骤。在选择的时候首先要注意以下问题。

一、教学步骤设计选择的注意事项

（一）所设计的教学内容要为教学目标服务

在设计教学步骤之前，体育教师必须明白自己的教学目标是什么？然后根据这个目标来设计和选择相一致的练习任务。如果教学练习步骤与教学目标不一致，学生就无法实现教师所制订的教学目标，那么体育教师的教学就是失败的。

（二）了解学生的身心发展规律和现有的技能能力

学生的身心发展规律和现有的技能能力是设计和选择教学步骤的决定性因素。体育教师必须具有广泛的社会学、心理学、生理学和解剖学、教育学以及生物力学等学科知识。对青少年在不同年龄阶段的身心发展规律要清楚地了解，并应用到体育教学中来。同时，体育教师可以通过前测试来对学生现有的技能进行了解。然后根据测试结果，在学生现有的技能能力基础上，来设计和选择合适教学步骤，从而提高他们的知识和技能能力。

（三）在设计教学步骤时要考虑到学生的兴趣和动机

练习任务如果很枯燥无味，学生就失去兴趣，进而就不愿意参加练习，那么学习效果就不佳。如果练习任务有趣，并对学生的能力产生挑战性，那么他们就会主动积极地参与到练习中去，并想尽办法来解决练习中所遇见的问题，这样就可以培养学生的生活技能和行为品质，提高他们的技能能力。

（四）在设计教学步骤的时候，要考虑学生运动量最优化

青少年肥胖问题赋予体育课教学艰巨的历史使命。体育课在教授学生运动技能和作为一名合格公民的品质行为的同时，必须最大限度地增加学生的运动量。一节好的体育课，学生要至少有50%的时间在从事中高等强度的运动。体育教师在设计教学步骤的时候，必须考虑到学生在做该练习时所得到的运动量。争取不采用运动量低的练习任务。比如，传统的静止性双人间篮球、足球、排球等练习。

二、教学步骤设计选择的主要阶段

体育教师进行教学步骤的设计，就是对学生练习任务的设计，不能无的放矢，是要依据教学对象的情况、教学环境的不同而进行相应的设计。因此，要搞清楚教学步骤设计选择的主要阶段。体育教学步骤设计选择主要包括三个阶段，第一个阶段是分析阶段，第二个阶段是决策阶段，第三个阶段是评价阶段。

（一）分析阶段

在分析阶段主要包含学习者的分析、学习需要的分析、教材内容的分析、教学环境的分析四个要素。首先是对学习者的分析。对教学对象的分析决定教学步骤设计的基本方向。不同的教学对象影响不同的教材内容、教学步骤、教学方法和教学手段的选择，所以，对学习者的分析是教学步骤设计的首要因素。对学习者的分析重点可以从学习者的年龄、性别、生理特征、心理特征等方面进行考虑。其次要对学习需要进行分析。确定学生学习的起点和终点，对教学目标的制订和教学步骤的安排都有很大的影响。学生的学习需要主要从运动能力、已有学习经验、学习兴趣、学习心理障碍、对学习本教学内容所可能存在的优点和不足等方面考虑。再次，要进行教材内容的分析。这是在分析学生学习情况和学习需要的基础上进行教材的分析与转化，将在书本上的明述性的知识转化为可以教学的表征性的知识。这一步也是安排教学步骤的关键环节。主要从教材的地位及作用、教学内容的环节分解、教学任务安排等几方面进行分析。最后，是进行教学环境的分析。教学环境的分析主要从教学场地、教学器材、天气变化、温度变化、学生集体人文环境等方面分析。

（二）决策阶段

在决策阶段主要要进行教学目标、教学步骤的设计。教学目标的设计要根据对学习需要的分析来制订，教学目标不能制订得过高或过低，过高完成不了，过低没有挑战性。教学目标的制订要具有层次性，从运动能力、健康行为和体育品德三方面如何培养学生的核心素养着手，来制订切实可行的教学目标。具体的课堂教学步骤的选择要根据本节课的时间、学生情况来选择。

（三）评价阶段

在评价阶段主要要进行教学步骤和教学任务安排合理性的反思。在这一部分，可以仔细审视自己所设计的教学步骤有多少是通知类任务，多少是拓展类任务，多少是精炼类任务，多少是应用类任务，通过这样的反思对设计的合理性进行反馈。

综上所述，将影响教学步骤设计选择的要素归纳如表 5-6。

表 5-6　影响教学步骤设计选择的主要因素

教学步骤设计选择的阶段	影响教学步骤设计选择的要素
分析阶段	学习需要分析、学习者分析、教材分析、教学环境分析
决策阶段	教学目标设计、教学步骤设计
评价阶段	学生学习情况评价、教师教学任务安排评价

三、体育教学步骤选择的程序

教学步骤设计好之后，教师要将其应用进具体的课堂教学中，还需要经过以下五步来确定具体的教学步骤设计。

第一步——分析教学任务，阐述教学的预期目标。

第二步——确定学生的起点状态。

第三步——分析学生从起点状态过渡到终点状态应掌握的知识技能或应形成的态度与行为习惯。

第四步——设计教学步骤和具体的教学任务。

第五步——考虑教学任务设计合理性。

从图 5-1 可以更清晰地看清楚这个教学步骤设计的循环过程。

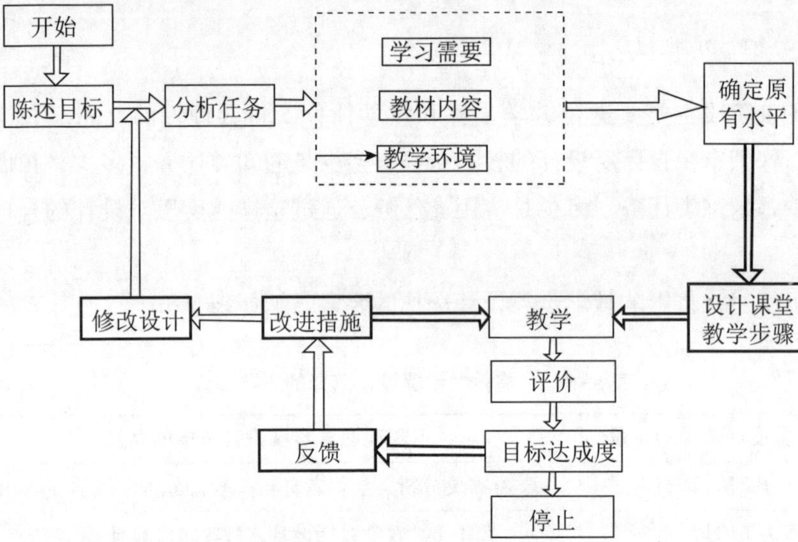

图 5-1　教学步骤设计选择①

根据上面的设计程序，教学步骤设计的选择规划见表 5-7，教师可以根据这些基本内容来选择合适的教学步骤。

表 5-7　教学步骤选择规划

教学步骤设计选择的要素	课堂教学步骤设计
教学分析	
教学目标设计	
教学任务设计	
教学任务设计评价	

四、教学步骤选择的基本案例

以途中跑为例来说明如何进行教学步骤设计，见表 5-8。

①史兵．体育与健康教材研究与教学设计［M］．西安：陕西师范大学出版社，2010.

表 5-8　途中跑教学步骤选择案例

教学步骤设计要素	教学步骤设计
教学分析	教材内容：快速跑及体能练习； 课次：第 1 次课； 教学对象：七年级； 人数：40 人； 教学环境：足球 4 个，标志桶 4 个，田径场
教学目标设计	1. 使学生掌握快速跑基本动作、快速跑的基本知识和练习方法。 2. 发展学生的速度素质及快速奔跑能力，增强其心肺功能，提高学生体能能力。 3. 培养学生勇于拼搏、勇敢果断、敢于争先、善于应激的体育品质。
教学任务设计	途中跑： 原地摆臂练习：听信号加速或者减速 快速跑动作练习：练习步幅和步频的相关练习，改善快速跑动作 球跑（20 米）：用网球、足球，教师抛球，学生去追
教学任务设计评价	介绍任务 1 个：摆臂练习 拓展任务 1 个：追球跑 精炼任务 1 个：步幅步频练习 应用任务 1 个：规定距离快速跑比赛

参考文献

[1] Siedentop, D., & Tannehill, D.. Developing teaching skills in physical education [M]. Mountain View, CA: Mayfield publishing company, 1999.

[2] 汪鸿，吴云飞．跨栏跑技术教学手段的优选与最佳教学步骤的量化研究 [J]. 北京体育大学学报，2005，28（6）：822-824.

[3] Rink, J.. Teaching for learning in physical education [M]. St. Louis: C. V. Mosby, 1985.

[4] Li, W., Xie, X., & Li, H.. Situated game teaching through set plays: A curricular model to teaching sports in physical education [J]. Journal of Teaching in Physical Education, 2018, 37: 352-362.

[5] Siedentop, D., & Tannehill, D.. Developing teaching skills in physical education [M]. Mountain View, CA: Mayfield publishing company, 1999.

[6] 胡树森．田径 [M]. 广州：华南理工大学出版社，2008：51.

[7] 史兵．体育与健康教材研究与教学设计 [M]. 西安：陕西师范大学出版社，2010：12.